从美丽事业
到共同富裕

侯军呈和中国美妆小镇的乡村振兴探索

林宏伟 茅立帅 郭志刚 ◎ 著

中华工商联合出版社

图书在版编目（CIP）数据

从美丽事业到共同富裕 / 林宏伟，茅立帅，郭志刚著. -- 北京：中华工商联合出版社，2022.3
ISBN 978-7-5158-3328-6

Ⅰ.①从… Ⅱ.①林…②茅…③郭… Ⅲ.①化妆品工业—工业企业管理—经验—湖州 Ⅳ.① F426.78

中国版本图书馆 CIP 数据核字（2022）第 028115 号

从美丽事业到共同富裕

著　者：	林宏伟　茅立帅　郭志刚
出 品 人：	李　梁
责任编辑：	吴建新
责任审读：	李　征
封面设计：	张合涛
责任印制：	迈致红
出版发行：	中华工商联合出版社有限责任公司
印　　刷：	北京毅峰迅捷印刷有限公司
版　　次：	2022 年 5 月第 1 版
印　　次：	2022 年 5 月第 1 次印刷
开　　本：	710mm×1000 mm　1/16
字　　数：	232 千字
印　　张：	16.25
书　　号：	ISBN 978-7-5158-3328-6
定　　价：	59.00 元

服务热线：010-58301130-0（前台）
销售热线：010-58301132（发行部）
　　　　　010-58302977（网络部）
　　　　　010-58302837（馆配部、新媒体部）
　　　　　010-58302813（团购部）
地址邮编：北京市西城区西环广场 A 座
　　　　　19-20 层，100044
http://www.chgslcbs.cn
投稿热线：010-58302907（总编室）
投稿邮箱：1621239583@qq.com

工商联版图书
版权所有　盗版必究

凡本社图书出现印装质量问题，请与印务部联系。

联系电话：010-58302915

序言一

义利兼容做事业

  1982年，侯军呈16岁时，他父亲因病去世，他从修理自行车、拖拉机起步，1986年自己创办个体修理店，以后进入义乌做起化妆品经销业务，最后办起了生产化妆品的实业公司，企业的产品不断赢得了广大消费者的欢心和珍爱。现在他的公司已在上交所上市，最高市值已达400亿元之巨。至今侯军呈董事长在商海中已打拼整整40年了。这些生动的情景不由得让我想起在中南海礼堂一次暖人心扉的演讲，那次演讲也影响了侯军呈的一生。

  1983年8月30日，家父和万里、习仲勋等领导人特意在中南海接见300多名全国集体经济和个体经济的先进代表，家父即席发表《怎样划分光彩和不光彩》的讲话。他说，从事个体劳动同样是光荣的，一切有益于国家和人民的劳动都是光彩豪迈的事业。凡是辛勤劳动，为人民做出了贡献的劳动者，都是光彩的。好逸恶劳不光彩，违反劳动纪律不光彩。他鼓励个体工商户们干光彩的事，做光彩的人。这就是今日广大民营企业家积极投身光彩事业的历史源头。为什么一次即席演讲，并没有什么优惠政策出台，也没有什么诱人的口头许诺，却可以直击人心，令人感奋，让人去拼搏一番事业？他代表着广大非公有制经济人士的起步、发展，完全是党的政策，是劳动人民的愿望，是改革开放的环境使然。

作为全国工商联美容化妆品商会副会长、珀莱雅化妆品股份有限公司董事长，侯军呈是我10多年前认识的一位企业家，并有赠书之谊。他有心致力于推动民族化妆品产业的发展，帮助贫困乡镇百姓走上共同富裕的道路，自2015年开始，他和浙江省湖州市吴兴区领导一起谋划建设中国美妆小镇。6年来，他们坚持"美妆产业集聚中心、美妆文化体验中心、美妆时尚博览中心、美妆人才技术中心"四大目标定位，牢牢锁定"奋斗十年，打造千亿，致富万家"的宏伟目标，构建以美妆为主导的全产业链，致力建设世界级美妆产业高地，打造"东方格拉斯"。如今，中国美妆小镇已与上海东方美谷、广州白云美湾成为中国化妆品行业三大集聚中心，是浙江省十大示范特色小镇、浙江省级行业标杆小镇，事迹十分鼓舞人心。

这次，侯军呈副会长给我送来由中华工商时报社林宏伟同志主笔的《从美丽事业到共同富裕》一书书稿，请我写序。春节假期，我认真阅读书稿，发现公司的事业已进入国际市场。6年来，他们先后与法国、意大利、韩国等29个国家和地区的政府机构、行业协会签订了友好战略协议，引进国外、境外相关企业208多家，总投资342多亿元，税收占所在乡镇的70%，努力承载行业高质量发展和共同富裕的两大使命，有力地促进了地方社会经济发展。

序言一　义利兼容做事业

珀莱雅化妆品股份有限公司投身的光彩事业，有几束耀眼的光环，让人难以忘怀。

第一，就是低调说话，高调做事。

所谓低调说话，就是说光彩事业是一种投资扶贫的形式，既然是投资，不是捐赠，不是赞助，它就一定要讲利润，讲回报，讲效益，讲资本的保值和增值，这一点不要讳言，这是人间常理常情，勿须过分拔高。所谓高调做事，就是说企业一旦有了实力、有了条件之后，便不忘广大基层群众，有先富带后富之心，还有志到中西部地区和"老少边穷"地区经商办企业，不但促进了当地群众就业，为当地政府增加了税收，而且带动和促进当地经济的发展，使当地群众脱贫致富。侯军呈长期扎根于浙北乡镇，把日化用品做成享誉海内外的热销产品，就是光彩事业高调做事的一则范例。

第二，就是义利兼容的事功理念。

温州是永嘉学派的发源地，永嘉学派又称"事功学派"，主张"经世致用，义利并举"。南怀瑾先生是永嘉学派文化的继承人，他把自己成立的最早一家企业取名为"义利行"。毫无疑问，此名来源于墨子的"义利之辨"。他自海外回到祖国以后，一方面阐述他的文化学术观点，并于20世纪80年代末期发起了民间"众筹"修建金温铁路的义利之举，经过艰苦努力，终使铁路通车。侯军呈敬仰乡贤南先生，并亲身体验到精神力量和物质力量结合之后迸发出的巨大能量。在山东聊城开展光彩事业活动的时候,我在当地关帝庙看到乾隆时期的商人书写的一副对联:"非必杀身成仁,问我辈谁全节义;莫谈经世致用,笑书生空读春秋。"此副对联嘲笑了不言经济利益的封建社会中的腐儒,另一方面似乎又提醒后人,在市场经济的和平年代还需保留中华文化节操信义的传统基因。光彩事业一直强调"义利观",很明显,中国优秀的"义利之辩"的思想对侯军呈的企业也产生了极好极大的影响。

最后,再谈谈何谓事业。

2021年年底,我的一本新书《与时俱进的民营经济》出版发行,书中一个中心思想就是对"人民经济"的宣传。"人民经济"是毛泽东对陕甘宁边区经济和财政工作一个画龙点睛的破题工作,他视"人民经济"为边区人民生产、生活的物质基础。他把"人民经济"作为人民经济上翻身的一项伟大事业来对待。古之经典语句就是,"举而措之天下之民,谓之事业"。我认为,我国现在的基本经济制度,也是一种"人民经济",但其内容和规模与过去相比,已大大地今非昔比了。我国的民营经济就是"人民经济"的一部分,在这种认识基础上,应尽快消除对民营经济仍然存在的一切歧视行为。

民营企业家发起的"光彩事业"活动,直接继承了1983年3月光彩演讲的精神,同时,又加入了利己利人的义利观和先富带后富的经济活动。事业的起步,并不在乎人之多少,星火照样可以燎原。大家相信"十步之内必有芳草，十室之邑必有忠义"。

"光彩事业"体现了"人民经济"最本质的特征，它是"人民经济"血肉躯体的一部分。"人民经济"的动员号召，其力量无比强大，不但调动了待业青年、创业人员等广大群众的积极性、主动性和创造性，同时也唤醒了人民群众中个体的觉醒。毛泽东在延安有言："独立性、个性、人格是一个意义上的东西，这是财产所有权的产物。""也就是说独立性、个性、人格是对财产所有权的一种觉醒，没有这种觉醒，人性是空洞抽象的。"（《毛泽东文集》第三卷第415—417页）毛泽东又说："马克思没有说这样的观点，但确实是中国革命和建设中产生的一个马克思主义的新观点。"（同上）侯军呈董事长能把自己的家业、职业和上市企业集事业于一身，这是一种可以风行天下的事业理念，望侯军呈在这种理念的指导下，继续前行。

我知道该书主笔林宏伟也是温州人，也是南怀瑾先生的粉丝，今天阅读温州人写温州企业家为国家为社会做贡献的故事，所以读起来很有亲切感。同时，希望更多的企业家用义利兼容的理念去做事业。

是为序。

胡海平

2022年2月9日

序言二

有高度有广度的美丽事业

近年来,特色小镇建设作为新常态下经济转型升级的重大举措被广泛关注。同以往大拆大建、粗犷式发展模式相比,特色小镇强调生产、生活、生态功能的融合,对经济新常态下探索新的城镇发展道路和产业转型升级具有重要意义。

浙江是特色小镇的先行区。浙江的特色小镇发展经历了"小镇+农村"的"一村一品"的1.0版本、"小镇+乡镇企业集群家庭作坊"的2.0版本、文化界和旅游界对小镇建筑形态进行修复与回归的3.0版本和"小镇+新经济体"的4.0版本等不同阶段,并开始扮演一个城市修补、生态修复、产业修缮的新角色,是新产品、新结构、新创业这种生态链、这种特色业态的形成,是企业家和农民企业家甚至外来企业家的创新精神呈现。

作为复杂适应系统的特色小镇,产业、空间是其关键性子系统,二者具有较强的关联性。从现实情况来看,特色小镇在发展中逐渐暴露出一些问题。这主要表现在:产业发展类型趋同,空间利用不合理;产业发展模式简单,空间结构亟须优化;产业升级方向不明晰,配套空间不健全;产业发展追求短期效益,历史空间保护不到位等。可见,两大系统若相互适应，则容易构建产业活力强、空间结构优的小镇。中国美妆小镇就是这一种模式典范。

中国美妆小镇自2015年开始规划建设以来，坚持"美妆产业集聚中心、美妆文化体验中心、美妆时尚博览中心、美妆人才技术中心"四大目标定位，牢牢锁定"奋斗十年，打造千亿，致富万家"的宏伟目标，构建以美妆为主导的全产业链，致力建设世界级美妆产业高地，打造"东方格拉斯"。经过6年多时间的努力，先后与法国、意大利、韩国等29个国家和地区的政府机构、行业协会签订了友好战略协议，引进韩国知名化妆品企业韩佛、亚洲最大包装材料企业衍宇、全球排名前十的法国香精企业乐尔福、英国皇家品牌泊诗蔻，以及知名台资企业绮丽华等化妆品及相关企业208家，总投资342亿元，成为"浙江省化妆品创新监管与高质量发展示范基地"，先后被评为浙江省优秀特色小镇、浙江省十大示范特色小镇、浙江省级行业标杆小镇，以"一家企业引领一个产业，一个产业带动一个小镇，一个小镇造福一方百姓"的发展路径，努力承载高质量发展和共同富裕的两大使命，有力地促进了地方社会经济发展。

我认为，特色小镇必须具备五大条件：一是小镇与周边地区具有一定的差异性，有差异才能互补；二是小镇必须有新奇的产业，新奇就是有特色的生命力；三是小镇必须走节能减排路线，而非重污染；四是小镇与诞

序言二　有高度有广度的美丽事业

生地要有很强的互补性；五是特色小镇是可体验的，能让人生活更美好。中国美妆小镇开发建设在这些方面都有非凡业绩，可圈可点，可喜可贺。

现在要寻找一个努力把自己企业做强做大做上市的企业家并不难，但要寻找一个放下自己辛辛苦苦培育的上市公司，去推动一个行业发展并走向世界的企业家并不容易。引领中国美妆小镇化妆品产业发展的珀莱雅化妆品股份有限公司董事长、中国美妆小镇总顾问侯军呈是我的温州小老乡，他为了扛起民族化妆品产业的旗帜，实现产业报国的梦想，舍小家为大家，毅然放下"美妆第一股"上市公司董事长的身段，甘心赔钱做行业的"店小二"，积极投身在贫困乡镇开发建设中国美妆小镇，在建设共同富裕示范区的道路上做出了积极的贡献。我为我的老乡有这种精神境界而感到自豪，欣然写下这几行，代为序。

2022 年 1 月 30 日

目录

第一章　寻梦埭溪　001

　　一、白居易诗里"最堪游处"　003
　　二、埭溪来了个温州人　007
　　三、震撼湖州的《欢乐中国行》　011
　　四、梦想中的产业基地　015
　　五、新思路新公司　018
　　六、在卢浮宫向世界宣告　019
　　七、探路韩国　023
　　八、有梦想，终相遇　029
　　九、省委书记的关注和点赞　033

第二章　筑梦新时代　037

　　十、总顾问和超级顾问团　039
　　十一、"东方格拉斯"的魅力　044
　　十二、省长来了　048
　　十三、面子和感激　050
　　十四、追赶国际化　055
　　十五、首尔美妆先锋奖　059
　　十六、"代省长为美妆小镇代言"　062
　　十七、双喜临门　064

十八、从意大利到埭溪 　　067

第三章　以马为梦 　　071

十九、"空中飞人" 　　073
二十、上《人民日报》 　　077
二十一、引进"国家队" 　　081
二十二、喜庆的日子 　　084
二十三、束毅峰的选择 　　087
二十四、安塞尔先生 　　092
二十五、梦蝶飞 　　097
二十六、难忘的非洲之行 　　100
二十七、美丽公约 　　103
二十八、马克龙的问候 　　108
二十九、珀莱雅上市 　　112

第四章　逐梦时光 　　119

三十、老大哥侯军呈 　　121
三十一、国际玫瑰文化节 　　126
三十二、邂逅最初的梦想 　　131
三十三、对话法国前总理拉法兰 　　134
三十四、走进东南亚 　　138
三十五、泊诗蔻入驻 　　144
三十六、相聚宝岛，畅谈美妆 　　147
三十七、来的都是客 　　150

第五章　小镇故事多 　　155

三十八、市长和小镇 　　157
三十九、乡村振兴十大影响力人物 　　162
四十、与世界同行共舞 　　165

目录

四十一、两个管委会主任	*171*
四十二、金童与玉女	*177*
四十三、方载阳的故事	*180*
四十四、友谊无国界	*184*
四十五、打造国际合作的美丽渠道	*189*
四十六、美丽事业	*192*

第六章 追梦人   *197*

四十七、"网红经济"赋能小镇美妆	*199*
四十八、荣获"全球杰出华人"大奖	*202*
四十九、凤凰吐"心声"	*208*
五十、美妆健康协会	*210*
五十一、凌飞加盟	*214*
五十二、美美与共	*217*
五十三、助建美丽乡村	*222*
五十四、来自法国的勋章	*225*
五十五、用"美"链接全球	*229*
五十六、迈向新征程	*234*

后 记   好样的，侯军呈   *239*

第一章 寻梦埭溪

一、白居易诗里"最堪游处"

惯游山水住南州，行尽天台及虎丘。
惟有上强精舍寺，最堪游处未曾游。

白居易诗中的上强，就是现在的埭溪。

春光缱绻，草长莺飞，江南四月的盎然生机也在这片沃土上慢慢延展。在杭宁高速路上一路驰骋，下了青山口便是埭溪镇。

埭溪镇，在浙江省湖州市吴兴区，得天独厚的山水日夜温润着这座有着千年历史的江南古镇。

埭溪镇始建于宋太平兴国八年（公元983年），古名"施渚"，明朝始称"埭溪"。它犹如一位卧榻的古典美人，徜徉于天目山脉和杭嘉湖平原的过渡地带，与中国四大避暑胜地之一的莫干山衣襟相连，处于"天堂之旅"的苏州—杭州黄金旅游线上。

这里依山傍水，兼有山区与平原的双重景观。境内山清水秀，竹木葱茏，景色宜人，生态优美，素有"鱼米之乡、丝绸之府、茶竹之地"美誉。唐代诗人白居易虽未到过埭溪，但对埭溪的上强精舍寺向往已久，曾作《寄上强精舍寺》。

埭溪风光

从美丽事业到共同富裕

在埭溪镇的后旦自然村，如今还有白居易手迹"最堪游"的摩崖石刻。这里一边是崖壁，一边临溪，一条石路从壁下穿越，古风犹存。在距离后旦村约一里的山壁上，还留有无名氏所刻诗句"古路清霜下，寒山晚月中"，生动地记录了埭溪清幽自然的美好景观。

然而，即便有着优越的自然条件，承蒙着自然无尽的馈赠，却并没有给埭溪的一方百姓带来美好富裕的生活。直到2000年，埭溪镇还是一个需要财政补助才能维持正常运转的贫困乡镇。埭溪镇人大的一位干部回忆说，他在1998年到埭溪工作时，当年镇上还拖欠政府工作人员5个月的工资，穷得连单位的电话费也付不出来。那时，别说大学生了，就连中专毕业生都不愿意来这里工作，市区机关人员调到这里工作，常常被人开玩笑说成是"发配"。

2002年，埭溪镇政府为了发展经济，脱贫致富，开始谋划在本地建设工业园区。2003年2月2日，湖州市同意给埭溪500亩荒山、荒坡、零星林地、冷水田等土地，用于工业园区建设，并给予规划、土地等方面一系列扶持政策。不但如此，市财政还拨出200万元作为工业园区的启动资金，为埭溪的乡村发展提供了强有力的起跑支持。

是金子总会发光的。埭溪镇的一切，也将因为一个人的到来而发生翻天覆地的变化。

2006年，温州人侯军呈带着他的梦想应邀来到埭溪，注册成立了湖州

珀莱雅化妆品股份有限公司。此时的侯军呈已经是非常成功的化妆品代理销售商,是多家世界知名化妆品品牌的销售合作伙伴,温州籍化妆品商人群体的领军人物。经过多年的打拼,侯军呈早已实现了财务自由,但此时国内的化妆品市场上,欧美日韩产品占领了大半壁的江山,他的心中不由地总是感叹,为什么我们中国人没有一个属于自己的世界知名品牌?为什么我们中国人不能扛起民族化妆品品牌的大旗?

梦想在心中萌芽,希冀的种子就这样落在一片同样有着美好向往的热上上,乘着国家大力推动民族企业发展的势头,将那份赤诚之心洒向1.49亿平方公里,召唤着全球所有为了初心的追梦者来到这片日星月明的沃土。

作为一位家国情怀异常浓厚的企业家,侯军呈心怀强烈的产业报国理想。2013年,侯军呈担任会长的杭州市化妆品行业协会向杭州市委、市政府提出建设杭州"中国化妆品产业基地"的申请。6月7日,时任杭州市委书记黄坤明批示:"对策建议针对性强。化妆品行业技术品牌要求高,适合转型升级要求,应加大招商引资力度。"

2014年4月,中国轻工业联合会发文授予杭州市"中国化妆品产业基地·杭州"称号。杭州市化妆品行业协会在考察了杭州的滨江、余杭、临安等区县后,湖州市此时也闻讯并积极争取,最后选择将基地建在与杭州市相邻的湖州市吴兴区埭溪镇,这便催生了今天的中国美妆小镇。

中国美妆小镇

2021年7月7日，国务院发展研究中心主办的《中国经济时报》刊发题为《浙江埭溪："特色小镇"阐释高质量发展与共同富裕》的报道。

有了如珀莱雅等著名化妆品品牌作支撑，2015年，吴兴开始在埭溪镇筹建美妆小镇。自建设以来，美妆小镇坚持生产、生态、生活"三生融合"及产业、文化、旅游、社区"四位一体"的发展理念，立足美妆产业集聚中心、美妆文化体验中心、美妆时尚博览中心、美妆人才技术中心四大目标定位，严格按照产业定位特而强、功能叠加聚而合、建筑形态精而美、制度供给活而新的要求，打造以美妆为主导的全产业链。小镇牢牢锁定"奋斗十年，打造千亿，致富万家"的宏伟目标，以"一家企业引领一个产业，一个产业带动一个小镇，一个小镇造福一方百姓"的发展路径，积极承载高质量发展和共同富裕的两大使命。

清晰的目标定位，优越的创业创新环境，吸引了越来越多的国内外著名美妆品牌前来"美妆小镇"抱团发展。目前，美妆小镇已集聚了上百家化妆品生产及配套企业，其中包括国内龙头企业珀莱雅、韩国知名化妆品企业韩佛、亚洲最强包材企业衍宇、英国皇室品牌泊诗蔻、法国香薰品牌金伯格、香精研制企业乐尔福、澳大利亚医美品牌喜美恩等。美妆小镇对全镇的税收贡献率接近70%，并于2019年入选浙江省特色小镇"亩均效益"领跑者名单。

眼下，美妆小镇正立足平台培育，引进快手服务商及卡美啦网红直播基地，打造全国最大的美妆网红直播中心；美妆小镇供应链平台已全面启动，并成功引进了布诗、NALA等重点项目，实现国外品牌进入中国市场线上、线下全渠道覆盖。与此同时，美妆小镇将依托产业链促进人才链，通过科技孵化园、美妆科创中心、美妆小镇众创空间等创新服务平台，与国内高等院校共同打造创新中心项目，搭建符合小镇需求的化妆品创新体系，从而将埭溪镇和吴兴区的高质量发展推上一个新台阶。

"浙江美妆小镇"的崛起给埭溪经济社会带来了脱胎换骨的变化。

昔日的经济社会发展后进镇已稳步走在了湖州市各乡镇的中上游。2020年，埭溪镇规上营收入达到66.49亿元，全年财政收入跨越了7亿元大关。埭溪镇已被列入湖州市重点发展的15个中心镇之一，不久前还被列为浙江省美丽城镇建设样板创建城镇。

风起于美景，风驰于美妆，风靡于时尚。今日埭溪，又一次成为白居易诗里"最堪游处"。

可以说，中国美妆小镇的诞生和发展，自然绕不开一个人，他就是美妆小镇管委会主任茅利荣常说的"中国美妆小镇"第一功臣，我们这本书的主角——中国美妆小镇总顾问、珀莱雅品牌创始人侯军呈。

二、埭溪来了个温州人

在当代中国的改革开放历史上，"温州"是一个闻名遐迩的地名，"温州人"也因为敢闯、敢拼、敢为人先而被誉为"东方犹太人"。每当提起"温州人"，人们总会流露出羡慕和敬仰的神情。

2006年，一个春寒料峭的日子，埭溪来了一个传奇温州人，他就是侯军呈。

20世纪60年代，侯军呈出生在浙江温州一个贫困的小山村。家里有姐弟五人，侯军呈排行最小，上面有四个姐姐，他是家中唯一的男孩。16岁时，还在读中学的侯军呈却面临着人生中的第一次巨大打击，他永远地失去了父亲。这样的境况，让他明白，作为家里唯一的男人，他必须有能力改变现状，成为全家的顶梁柱。原本可以在姐姐的帮助下继续读书的他毅然决定自食其力，辍学跟随大姐夫蔡必正学习汽修。虽然年轻，但侯军呈秉性聪慧，什么都是一上手就能掌握其中门道，人人都觉得这小子天生就是一块做生意的料。四五年后，20岁的侯军呈创办了自己的汽修钣金厂，招了十几个徒弟，成为一名小老板，走上创业之路的同时也完全摆脱了家境窘迫的局面。

但是，一个本就不甘平凡的人，一个心中有更大梦想的人，是不会仅仅安于现状的。

20世纪90年代，浙江义乌小商品市场快速崛起，吸引了一大批有梦想的创业者，其中包括侯军呈的小姐夫方孔贤。当时，方孔贤想去义乌做化妆品生意，来找侯军呈合伙。渴望闯世界的侯军呈没有多想，直接把汽修钣金厂交给内弟方玉友打理，自己则跟随小姐夫去了义乌，开始"创造美的事业"。

1992年，刚进入化妆品行业的侯军呈就发现了一个严重的问题：市场上鱼龙混杂，出现了很多假冒伪劣产品。他陷入了思考，是趁市场混乱之际捞一把就收手，还是做长久生意。经过认真思忖，他做出了两个原则决定：一是绝不卖假货和伪劣产品；二是不做杂牌，只做品牌化妆品。

然而，第一年生意却亏损了，但做事有原则的侯军呈还是坚定自己的信念，一如既往。终于，之后两年的事业有了起色，却也只是做到保本。三年后，在黑暗中一路跌爬滚打的侯军呈终于迎来了他的黎明，坚持诚信和依靠品牌的经营原则让他赢得了厂家和客户的信任，相继成为小护士、羽西、大宝、兰贵人等著名化妆品品牌的代理经销商，营业额挤进义乌前三。

此时的侯军呈赚得盆满钵满，还被家乡的父老乡亲视为能人贤达。大家纷纷跑来投靠他，希望侯军呈能带着自己一起做化妆品生意，早日过上富裕的生活。他本来就是个热情好客的人，开办汽修钣金厂时，家里每天都有一两桌客人，如今富起来了，自然不会忘记自己的乡里乡亲。

2003年，侯军呈在杭州初创珀莱雅品牌时，他的老家冯村和周边几个村子一下子就来了100多人投奔他，其中水涨村的一位姓杨的老乡干脆卖掉老家唯一的一间老房子，带着老婆儿子来找他，全家决定一心一意跟着他闯天下。

侯军呈被这一幕感动了。面对一大批没有多少文化又渴望富裕起来的父老乡亲，他特地在杭州附近的临安青山湖租了一个场所，开设化妆品销售培训班，请专业人员免费给他们讲课，讲化妆品知识，讲营销策划，讲为人处事。他把大部分经过培训考核合格的乡亲留下来，带在身边；给那些实在无法上岗的乡亲发放路费，送他们回家。临别时，侯军呈安慰依依不舍的乡亲们，真诚地说："等有了合适的岗位和机会，我一定带上你们。"

侯军呈的一番事业，不仅富了个人，也带活了一方百姓。现在云南做珀莱雅化妆品代理的章人岳，原先是一个普通的农民，跟随侯军呈做化妆品生意后，他的生活发生了翻天覆地的变化。经过十几年的努力，如今他已成为身价千万的富豪。他常常在人前夸侯军呈，说是侯军呈给了他们新生活，带着他们奔小康。

带着家乡的父老乡亲一起富裕只是侯军呈的小目标，他还有一个更为远大的梦想，就是创立自己的化妆品品牌，扛起民族化妆品产业的旗帜。

侯军呈是个"行动派"，有目标后就会立刻采取行动。

1999年，侯军呈来到杭州，一边寻找精通化妆品研发和生产的人才，一边系统学习化妆品生产和销售知识。从上游的产品研发、生产、营销策略，到终端的门店开设、促销活动、店员招聘等，他无所不学。他的身上散发着成功者的勤奋、睿智、闯劲、胆魄等特质，熟知他的人都说："他一定会大有作为的。"

经过几年的钻研和准备，2003年，侯军呈和内弟方玉友共同注册成立了珀莱雅化妆品股份有限公司，走上了打造民族化妆品品牌之路。

珀莱雅总部大楼

据侯军呈介绍，当时中国化妆品行业大约有 1000 多亿元的市场，但 80% 的市场份额被国外品牌占据。珀莱雅起跑的日子，正是国际化妆品巨头在中国市场大肆攻城略地的日子。2003 年、2004 年，小护士、羽西被法国欧莱雅收购；2007 年，丝宝"远嫁"德国拜尔斯道夫；2008 年，大宝被美国强生公司收购；2010 年，丁家宜"外嫁"法国科蒂集团……大部分被国际巨头看中的中国品牌，都难逃被收购的命运。

珀莱雅成立后，坚持质量第一，诚信经营，走品牌化经营之路，依靠细致入微的营销策划和强大执行力度，在侯军呈的带领下迅猛发展，期间不少海外投资机构也来找侯军呈，想收购珀莱雅，但都被侯军呈一口回绝了。在侯军呈看来，被他们收购，就意味着中国民族化妆品品牌将被他们"雪藏"。他说："我们要做的是中国的珀莱雅，甚至是世界的珀莱雅，不是外国的珀莱雅。"

珀莱雅起跑的时候，办公用房是自己买的，生产厂房是租用中国茶叶研究院的房子。高质量的产品生产和迅猛发展的企业都要求他们有自己的生产基地。那天，侯军呈在湖州温州商会的一个朋友陪同下到埭溪过周末，面对绿水青山，他满心欢喜地对朋友说："我们要建设花园一般的美丽工厂，埭溪是一个理想的选择。"

朋友马上将侯军呈的想法传递给埭溪镇领导。时任埭溪镇委副书记甘道民闻讯，不顾周末休息，热情地跑来接待侯军呈，细致地介绍埭溪镇的招商政策和风土人情。他那热情包容的格局、细致周到的服务给侯军呈留下了良好的印象，让侯军呈和埭溪有一种一见钟情的感觉。

宋夏元鼎诗云："崆峒访道至湘湖，万卷诗书看转愚。踏破铁鞋无觅处，得来全不费工夫。"

侯军呈与埭溪是有缘分的。不出半个月，侯军呈第二次来到埭溪，就痛痛快快毫无疑虑地选择在埭溪上强工业区建厂，而且一开口就是 100 亩，后来连续增加到 200 亩、250 多亩，成为埭溪上强工业区规模最大的企业。

珀莱雅埭溪工厂

侯军呈让埭溪人见识到温州人特有的胆魄和情义，从此埭溪把合作发展和共同致富的快乐梦想，和这个温州人紧紧粘连在一起。

三、震撼湖州的《欢乐中国行》

大手笔做大文章，是有情有义有胆魄的侯军呈给人印象最为深刻的处事风格，也是湖州市和吴兴区领导选择与侯军呈携手共同开发建设中国美妆小镇，打造"东方格拉斯"的一个重要原因。

侯军呈之所以能带领珀莱雅企业迅猛发展，也在于他在化妆品营销方面屡屡有开创性的大手笔举措。珀莱雅曾在国内率先创新会议营销模式并获得巨大的成功，连续多年成为业内外诸多企业效仿的"标杆"。

2005年1月，珀莱雅率先在浙江省人民大会堂召开首届全国营销精英创富大会，这是业内企业首次将明星演艺与企业答谢会融合在一起。他邀请了陈红等演艺界明星大腕登台演唱助阵，全国到会客商近千人。此举不但轰动了杭州，扩大了珀莱雅的品牌影响力，也大大提升了代理商、零售商的销售信心。

2006年1月，珀莱雅在旅游胜地海南三亚召开第二届全国营销精英创富大会。这一次，侯军呈创新采用了旅游、明星演艺和答谢会三者相结合的模式，邀请陈好、吕晶晶等影视红星登台献唱。到会的代理商、零售商们热情高涨，欢庆完成2005年销售任务。侯军呈为接待好来宾，让珀莱雅一口气包下三亚三家大酒店，一度引起当地政府的特别关注。

2007年1月，珀莱雅在云南昆明召开第三届全国营销精英创富大会。高圆圆、蒋大为等众多知名明星应邀登台献艺，与会人数过千。侯军呈此举很快引起业内关注，同行纷纷效仿。

2008年1月，珀莱雅在广西南宁召开第四届全国营销精英创富大会，大S、林依轮、刘仪伟、桑雪等明星应邀到场助阵。珀莱雅人还颇具创意地举行了一场彩绘活动，创下了"最多人数统一标识的脸部彩绘活动——奥运五环图案"的世界纪录。

在这次大会上，珀莱雅确立了"二次创业，走品牌化经营之路"的全新战略定位。侯军呈和与会者分享了自己的创业心路和珀莱雅的前景规划。他说，公司在经历了第一次创业之后，已经具备了较强的综合实力，下一步将实现快速且稳健的可持续发展道路。从2008年开始，珀莱雅将进行二次创业，实行标准化、精细化、规范化、制度化运作。珀莱雅的目标是走品牌化经营之路，实质是企业发展到一定阶段所进行的战略转型，在已有的基础上解决经营、管理、人才系统的匹配问题，拉开经营格局，打造全新的管理模式。

时间的列车驶入2009年。经过三年的建设，珀莱雅在埭溪镇兴建的现代化工业厂房焕然一新呈现在世人的面前。侯军呈通过与国际化妆品巨头——韩国科玛集团的战略合作，为珀莱雅引进了日韩最先进的化妆品生产设备，建成具有GMP标准的生产厂房，让珀莱雅进入崭新的发展阶段。

这一次，侯军呈又让业界同仁惊叹不已。他决定让珀莱雅携手央视三套联袂举行《魅力珀莱雅·欢乐中国行》大型晚会，邀请周杰伦、林忆莲等多位亚洲顶级艺人激情献艺，共贺珀莱雅五岁生辰和湖州新厂房投入使用，为明星演艺加答谢会形式的全国营销精英创富大会做一次深情告别演出，拉开了迈向新的创新时代的序幕。

2009年4月7日，那是一个让珀莱雅人难忘的日子，也是侯军呈选择的震撼湖州的日子。

那天，埭溪工业区的珀莱雅新厂房张灯结彩。广场上，欢庆的锣鼓敲起来，吉祥的龙狮舞起来，庆典现场一片热闹欢腾。满载着6000多名珀莱雅代理商、零售商的120辆大巴车，浩浩荡荡从杭州驶往湖州市吴兴区埭溪镇，犹如一条舞动的长龙，异常壮观。庆典仪式上，侯军呈和湖州市各级领导，以及韩国驻上海领事馆领事河贤凤、韩国科玛株式会社会长尹东汉先后致辞。庆典仪式规模空前，规格甚高。

下午，珀莱雅成立五周年盛典暨全国营销精英创富盛会在湖州体育馆隆重召开。大会上，珀莱雅旗下的五大主打品牌：珀莱雅、优资莱、悠雅、欧兰萱、韩雅纷纷亮相，共同启动了珀莱雅"新五年发展战略"。五大品牌熠熠生辉，它们独特的魅力和耀眼的光芒，为现场注入了沸腾的能量和强大的活力。侯军呈特别为100位卓越零售商、20位卓越代理商、10位卓越供应商举行了颁奖仪式，感谢和表彰他们五年来为珀莱雅所做的贡献。

晚上，星光璀璨，《魅力珀莱雅·欢乐中国行》大型歌舞晚会在湖州师范学院体育场震撼上演，现场万众欢腾。周杰伦、大S、林忆莲、范玮琪、顺子、著名主持人董卿等众多大腕明星纷纷出场，点亮了夜空，给湖州带来了独特的珀莱雅魅力之光，将庆典活动推向高潮。

担任这次《欢乐中国行》大型演唱会政府部门服务保障总指挥的是时任湖州市吴兴区委常委、宣传部长茅利荣。他说："这是湖州历史上规模空前的演出盛会，现场移动通信信道十分拥挤，几乎无法使用，指挥主要靠对讲机。这次活动让我们看到侯军呈超越常人的组织指挥能力和资源协调能力。我后来主动参与中国美妆小镇建设，担任美妆小镇管委会主任，一直到现在，继续担任管委会主任一职，和侯军呈一同继续为美妆小镇的建设发展服务，与侯军呈组织这次活动给我留下的深刻印象有着直接关系。"

《魅力珀莱雅·欢乐中国行》现场

一位名叫"周思"的珀莱雅代理商在 2009 年 6 月 9 日的新浪博客中，用质朴的语言记下了自己独特的感受：

> 有幸赶在珀莱雅五周年纪念日参加这场活动。这是一场化妆品行业的创举和盛会，全国 5600 多名代理商、零售商齐聚湖州，行业精英、权威人士、影视巨星、地方官员、外国领事，齐聚一堂，共迎珀莱雅大庆。
>
> 一天三场会议，6000 人的会议大军，创造了一个行业会议营销的神话；120 辆大巴，全程专车开道，可以说让我们的客户有了特别贵宾的待遇，令企业员工激动，令经销商合作伙伴感动，令同行观者感叹。珀莱雅全体同仁众志成城，完美地举办了这场会议。

创造美丽，超越梦想，这是侯军呈的追求。在这梦想与现实交汇的江南地区，《欢乐中国行》带着珀莱雅的美好祝福，将欢乐传递到了每一位中国人的心中。

领导力决定品牌力，品牌力决定传播力，大品牌成就大未来，这就是埭溪来了个温州人——侯军呈给湖州带来的震撼和魅力。

四、梦想中的产业基地

在距离浙江湖州1300多公里的南国花城——广州市，白云区里有一条街叫三元里街。这里早在宋代就是一个集市，明朝时又成为北方人南下进入广州或粤人北上的一个重要通道。100多年前，鸦片战争期间发生的"三元里抗英"事件，使得此处被载入历史课本，被广大国人所知晓。

东方风来满眼春。20世纪末，三元里街不仅是历史记忆的承载地，还是时尚潮流风向标。在这里，你可以看到印有世界各国明星的代言海报，发现琳琅满目的各种化妆品。这里，已成为全国知名的化妆品集散地。

人们常说，每个化妆品品牌背后都有一个美丽的故事。其实，在每一个化妆品产业基地的背后也藏着一个个迷人的故事。侯军呈自从踏入化妆品行业后，广州白云不仅是他经常光顾的地方，还经常进入他的美丽梦想世界。

进入新世纪后，随着改革开放进程的不断深入，人民群众的生活水平发生了翻天覆地的变化。大众对生活品质的追求也越来越高，各类化妆品都受到了热烈追捧，其市场空间越来越广阔，其行业地位也越来越高。2007年，浙江省杭州市委市政府做出"培育发展十大特色潜力行业"的重大决策，特意将"化妆品行业"列入其中，专门成立了领导小组，协调政府有关部门为相关行业及企业提供政策保障、资金支持，并搭建多样化的宣传推广平台。

一年后，杭州市化妆品行业协会便应运而生了。2012年，协会到了换届的时期，无论侯军呈怎么推辞，最后还是被会员们一致推选为新一任会长。群众的眼睛是雪亮的，协会的广大会员们看到了珀莱雅的领军行业之势，也期盼侯军呈能带领大家闯出一片新天地。

杭州市化妆品行业被列入市重点培育发展的"十大特色潜力行业"后，在政府的保驾护航和积极推动下，产业规模和品牌快速提升，行业整体影响力不断扩大，行业和企业要求建设化妆品基地的呼声也日益高涨。2010年5月20日，杭州市经济委员会专门向市领导汇报化妆品行业发展情况，提出建设"中国化妆品产业基地"等对策建议。在时任杭州市委书记黄坤明在建议上作出批示的推动下，2013年5月22日，杭州市政府专门成立了以副市长徐文光为组长，市政府副秘书长李强煜和市经信委主任赵纪来为副组长，以及由经信委、旅游委、统计局、食品药品监管局、质监局、工商局、环保局等部门领导为成员的杭州市申报中国化妆品产业基地工作协调小组，具体负责相关政策扶持、资金支持等事宜。

在杭州市委市政府的高度重视和支持下，杭州市申报中国化妆品产业基地工作进展十分顺利。2014年4月，中国轻工业联合会印发中轻联科技〔2014〕103号文件，授予杭州市"中国化妆品产业基地·杭州"称号，并希望杭州市进一步加大对化妆品行业的支持力度，在技术改造、科技创新等领域给予支持，进一步提高企业的产品与技术创新水平，发挥龙头企业和知名品牌的带动作用，把杭州市化妆品产业做大做强，使之更具特色，更有行业影响力，为促进区域经济发展，为我国化妆品行业整体水平的提高做出更大的贡献。

当"中国化妆品产业基地·杭州"这一称号落地后，杭州市化妆品行业从业者群情振奋，对未来更是充满了信心。同时，他们还希望化妆品行业协会能在产业基地建设上发挥更加积极的作用，为会员企业发展提供优质的服务。这时，大家都把目光集中到了会长侯军呈身上。侯军呈牢记着会员们的嘱托，和秘书处人员先后到杭州的萧山、滨江、余杭、富阳、临安和相邻的嘉兴海宁等区县为产业基地考察选址。一年下来，他们走访了很多地方，但是仍没有找到理想之地。

2015年5月15日，时任吴兴区委常委、宣传部长茅利荣和埭溪镇委书记朱建忠、镇长戚斌斌到埭溪珀莱雅化妆品生产工厂接待德国客人。

他们无意中从侯军呈口中得知了杭州市化妆品协会要建设"中国化妆品产业生产基地",正在寻找合适地点的消息。这些善于抢抓机遇的领导们立即意识到了其中蕴藏的促进地方发展的机会。他们马上向侯军呈提出在埭溪镇建设中国化妆品产业基地的想法,这一提议得到了侯军呈的积极响应。

之后,在最短时间内,吴兴区迅速谋划,初步提出了建设化妆品生产基地的框架蓝图,得到了以侯军呈为代表的杭州化妆品协会领导们的一致认可。

6月4日,时任湖州市副市长董立新听到消息,带着有关部门,在吴兴区委书记蔡旭昶、吴兴区区长吴智勇、区委宣传部长茅利荣、吴兴区副区长潘永锋等领导陪同下,展开了对"中国化妆品基地长三角生产中心"建设的专题调研,开启了中国美妆小镇的建设之路。

美妆小镇总体规划鸟瞰图

6月10日,茅利荣、朱建忠、戚斌斌及区有关部门的领导带着建设"中国化妆品基地长三角生产中心"的构想方案来到了杭州化妆品协会,和中国化妆品产业基地筹备小组对接沟通。

　　这也许是一种机缘巧合的选择，或许就是命中注定的缘分。对湖州和埭溪领导有很好印象的侯军呈，与对侯军呈有很深印象的吴兴区领导一拍即合，双方很快就对项目建设的相关问题达成一致意见，最后选择将基地建在埭溪镇，催生出了今天的中国美妆小镇。

五、新思路新公司

　　俗话说，兵马未动，粮草先行。建设打造中国化妆品产业基地，既需要政府的政策支持，也需要土地、资金和行业等多方面的资源。吴兴区和湖州市领导对建设"中国化妆品基地长三角生产中心"的积极态度和构想方案给侯军呈增添了极大的信心，深思熟虑后，决心借用杭州市化妆品行业协会的力量和自己多年从事化妆品行业的经验和人脉，用创新性思路和实际行动支持在埭溪建设中国化妆品产业基地。

　　侯军呈的新思路就是凝聚行业资源和人脉优势，成立一家专业的产业投资公司，以市场化方式高效运作。这家产业投资公司可以作为基地招商部，利用协会和行业资源开展精准招商，高效推动优质行业企业前来基地投资建厂，以尽快形成产业集聚优势；同时，它还是园区企业的贴心服务商，最大限度地调动各方资源，全力助推产业基地建设工作顺利推进，为进入园区的企业搭建一个政企交流平台，以更好地做好服务工作，支持有潜力的企业实现快速发展。

　　侯军呈的设想得到了杭州市化妆品行业协会领导班子和广大会员的肯定，也赢得了湖州市和吴兴区领导的大力支持。

　　2015年6月29日，吴兴区政府与筹备中的化妆品产业（湖州）投资发展有限公司签订了投资105亿元，建设规模为3000亩的化妆品产业园投资发展协议，区长吴智勇出席签字仪式。

　　2015年7月13日，分工负责吴兴区对外招商引资的区委常委、宣传部长茅利荣代表区政府,和化妆品产业(湖州)投资基金有限公司(筹)签订规模达3亿元的产业基金,其中吴兴区政府出资3000万元。

2015年7月30日,在侯军呈的带领和影响下,一家注册资金为1.2亿元的杭州华妆投资实业有限公司正式注册成立了。

2015年8月12日,注册资金分别为5000万元和1000万元,由侯军呈担任法定代表人的化妆品产业(湖州)投资发展有限公司和湖州美妆小镇科技孵化园有限公司同时成立,公司注册登记地都在埭溪,它们的定位和核心任务是充当企业和政府的桥梁纽带。

侯军呈不做则已,一出手就是不同凡响的大手笔。短短三个月的时间里,侯军呈就在当地政府的支持下完成了参与中国美妆小镇开发建设的企业组织框架组建工作。

六、在卢浮宫向世界宣告

巴黎,世界闻名的时尚之都,举世瞩目的潮流之都。

作为世界上最大的化妆品生产国和出口国,法国的化妆品产业一直位居全球领先地位。其中,化妆品谷(La Cosmetic Valley)是集合了全球800多家香水和护肤品企业的产业带,跨越图尔、鲁昂、奥尔良和凡尔赛等地。这个产业带汇聚了众多世界一流化妆品公司,例如迪奥、娇兰(Guerlain)、Nina Ricci、资生堂(Shiseido)、香奈儿、联合利华和Reckitt Benckiser(Veet)等跨国公司,这里还拥有7所世界知名高校和超过200家实验室。化妆品谷的产业集群囊括了整个行业的上下游环节,从活性因子等化妆品领域的基础科学研究到品牌塑造,再到生产、包装和物流等,形成了高效的商业协作网络,也成为一个国际知名的化妆品行业超级名片。

Cosmetic 360化妆品展会是法国化妆品谷竞争力中心主办的一流国际化妆品大展。展会不但将主办地点选在巴黎的核心地段——寸土寸金的卢浮宫地下广场,还成功吸引了包括LV、香奈儿、欧莱雅、资生堂、强生等国际大品牌的积极参与。这与法国其他展会上大牌普遍缺席的状况截然不同，具有很强的国际吸引力和行业影响力。

2015年10月，侯军呈策划的美妆小镇的第一个招商动作就是进军法国Cosmetic 360化妆品大展，在巴黎向世界宣告浙江湖州将建设"中国美妆小镇"的梦想。

为了留出更多的参展时间，侯军呈和他的团队与政府代表茅利荣、朱建忠等一起选择凌晨0时15分起飞的最早航班出发；为了安排与更多的企业与客商见面洽谈，侯军呈利用朋友圈将行程安排得满满当当。

巴黎时间2015年10月18日早晨6点多，经过了一整夜航班的飞行，侯军呈、茅利荣一行迎着柔美的晨曦走出巴黎戴高乐机场。他没有入住酒店休息，而是和大家一起直接驱车考察化妆品谷产业带。到了中午，考察团一行一边啃着冷面包，一边商议下午的行程安排。同行的茅利荣部长在《我眼中的侯军呈》一文中写道：

> 不知不觉已到中午，飞机上的早餐早就消化。室外气温只有三五度，由于是十月，我们只带了一件风衣，寒风吹过，我们冷得发抖，此时此刻可以说真的是"饥寒交迫"。由于下午还要继续参观原材料种植基地，午饭只能就近找了个面包店，整个面包店里面只能容纳四五个人，有几个法国当地人正在用餐，我们只能购买后站在外面吃。一根长面包（很硬很硬，反正我是第一次吃这么硬的面包），一瓶冷水，一阵阵寒风，颤抖地啃着。说实在的，习惯了热的肠胃，吃着冰凉的面包，就着凉水，真的难以下咽。看着侯军呈一边说笑一边吃着干面包，吃得津津有味，我就在想，一个身价百亿的老总，这么吃着午餐，还那么开心，他是不是有点"傻"？
>
> 如果说侯军呈不参与建设美妆小镇，那他可自由来往不受时间限制，不用那么赶；如果说侯军呈不参与建设美妆小镇，那他可在温暖的酒店里舒服地享用丰盛的午餐，不用吹寒风。"傻傻"的侯军呈，为了美妆小镇，吃苦也很乐！

中国美妆小镇第一次参加 Cosmetic 360 化妆品展会，由于心中没底，只订了一个 4 平方米的小展位，却成为整场展会中最耀眼的"明星"。其他参展商展示的都是的产品，只有中国美妆小镇展示的是一个前景无限的崭新的产业平台，或许是因为它的独树一帜，前来观看、咨询的各界人士络绎不绝。时任法国经济部长马克龙一行在现场参观时，也被吸引到美妆小镇的展台前。马克龙饶有兴趣地询问着中国美妆小镇的情况，侯军呈抓住机会向他详细介绍了建设美妆小镇的构想，并描绘出了"东方格拉斯"的美好前景，马克龙听后连连点头肯定，并与大家合影留念。

美妆小镇展位

侯军呈及美妆小镇团队与马克龙合影

之后一年多，马克龙通过竞选当上了法国总统，成为第一个接触并肯定中国美妆小镇的外国元首。

美妆小镇团队来法国推介招商，自然免不了要接待来宾，做一些推广活动。侯军呈在得知政府并没有开列这些推介经费时，就毫不犹豫地个人刷卡买单，组织了一场美妆小镇招商推广新闻发布会。

10月18日，中国美妆小镇全球首次新闻发布会在法国巴黎卢浮宫举行，这是中国化妆品行业中具有历史意义的一次发布会，它意味着中国化妆品产业从此由分散走向聚合，从低端向高端的升级之路悄然开启。侯军呈一上场就向世界坦言他的"中国化妆品产业梦想"，他说："今天，我们带着一个梦想来到巴黎，一个中国化妆品产业的梦想。我们将在中国的湖州建设一个全新的、世界级的中国化妆品产业集聚地，来全面提升中国化妆品产业发展水平，造福中外消费者，并为全世界有梦想的化妆品企业提供一个创业平台。"

侯军呈这样描绘他的梦想："这个由中国化妆品行业领先企业和杭州化妆品协会牵头参与建设的国家级化妆品生产基地，规划总面积为3.5平方公里，计划10年内分3期建设，最终达到近千亿元的总产出规模。终极目标是打造世界级的中国化妆品产业集聚地，成为中国化妆品产业的一张璀璨的名片。"

侯军呈介绍说，这里还将是浙江省湖州市所打造的"中国美妆小镇"的核心区域，建成以产业为核心，融文化、旅游、社区等功能于一体的化妆品特色小镇，成为中国新型城镇化建设的典范，也是"产城发展"的创新模式。它拥有化妆品科技创新孵化基地、互联网化妆品产业创业中心、化妆品专项产业基金、国家级化妆品实验室、第三方权威检测认证中心、化妆品特色高等院校、化妆品及香精香料博物馆、化妆品品牌展示一条街、物流仓储基地等上下游各类配套项目。

作为美妆小镇的总顾问，侯军呈坦陈参与这个项目的初衷源于自己的一个质朴的愿望，就是让世界上人数最多的消费群体用上最好的化妆品。他认为，随着大众生活水平的不断提高，中国化妆品市场在未来10年里将会保持 20% 以上的复合增长率，并将成为世界上最大的化妆品消费国。他和湖州方面联手打造这个美妆小镇平台，目的就是希望更多的优秀国际化妆品企业落户中国，落户湖州，为中国消费者量身打造更多品质优异的化妆品。

侯军呈在美妆小镇全球发布会上发言

侯军呈选择在法国，在卢浮宫发布他的梦想，毫无疑问，这也是告诉世界中国化妆品产业的雄心和地位。

七、探路韩国

法国一行，收获颇丰，不仅仅向全世界宣告了美妆小镇的存在和建立，也吸引了大量法国化妆品企业将中国市场的大本营放在美妆小镇。

趁热打铁，从法国回来不久，侯军呈就把韩国列为中国美妆小镇国际招商的第二站。

韩国也是世界上化妆品生产和出口大国。20 世纪 60 年代，韩国化妆品业在政府的牵头下，确定了化妆品领域的一些技术规范标准，从而获得了一个快速发展时期。但是，不久之后，急于求成的韩国化妆品业却进入了一个概念横行的歧途。在80年代，韩国化妆品业开始走上技术创新的路线，研制出安全性高、稳定性高、使用效果好的化妆品。转眼间，到了90年代，羽翼渐丰的韩国化妆品企业开始全面进入全球性的竞争热潮中。

2000年以后，韩国政府为化妆品行业制定了三个"三年战略规划"：2000年到2003年为基础工业化改造时期，2003年到2006年为行业科技含量提升时期，2006年到2009年为品牌全面提升期。我们可以清晰地从中看到，当时的韩国人对科技和行业基础性设施建设非常重视，这也是韩国化妆品企业可以在本国市场获得较好市场份额，并能在竞争激烈的世界舞台上立足的基础。

侯军呈从事化妆品行业多年，在韩国不但有很多相交多年的朋友，还有许多相互支持的合作伙伴。因此，他对这个国家的化妆品业情况了如指掌，深知这些韩企的优势所在，也更期望将他们引介到中国，为美妆小镇的发展增添一份助力。

2015年11月5日，侯军呈和茅利荣部长带着埭溪镇镇长戚斌斌、湖州化妆品产业公司董事总经理胡建明等一行6人，踏上前往韩国招商的旅途。

到达韩国的那天已是下午2点多，大家来不及休息和观光，就直奔韩国第三大化妆品生产企业——韩佛化妆品株式会社和韩国乃至亚洲最大的化妆品包材企业——衍宇包材株式会社参观考察，洽谈商务。由于侯军呈此前和这两家企业都有密切交往，他们得到了韩佛化妆品株式会社会长林炳喆和衍宇包材株式会社会长奇重铉的亲切接见，洽谈的气氛也十分融洽。两位会长对中国横空出世一个美妆小镇都感到震惊，纷纷表示要到中国看看。韩佛化妆品株式会社当天就定下了行程，足见其对美妆小镇的重视程度，这也让侯军呈一行感到十分高兴。

第一章 寻梦埭溪

参观考察韩佛化妆品株式会社

参观考察衍宇包材株式会社

在双方愉快的洽谈中，时间也在不知不觉地流逝，直到当地时间22时，大家才依依不舍地起身告辞回宾馆休息。

韩佛化妆品株式会社（HANBUL）创立于1989年，其秉承精益求精的精神，以尊重大众、研究开发、面向未来的企业理念和顾客至上的价值追求赢得了很高的声誉。1992年，韩佛化妆品株式会社成立了核心技术研究所，基于生物工程，开发了多种尖端新产品，研制的护肤品和彩妆系列产品得到了广大消费者的认可。

11月20日，也就是侯军呈和招商团队拜访韩佛化妆品株式会社半个月后，林炳喆会长就带队专程飞到湖州实地考察建设中的中国美妆小镇。经过认真细致的考察后，林炳喆会长当即决定入驻美妆小镇并签订了相关协议。

作为美妆小镇引进的重大外资签约项目，当天的签约活动由时任吴兴区委常委、宣传部长茅利荣主持，时任湖州市人民政府副市长董立新、吴兴区委书记蔡旭昶、吴兴区区长吴智勇等领导和侯军呈、林炳喆一起出席了签约仪式。地方党委政府领导们的高度重视和支持给了侯军呈及中国美妆小镇的招商团队很大的鼓舞，大家的工作热情更高了。

韩佛化妆品株式会社项目签约合影留念
한불화장품주식회사 계약 체결 기념 촬영

韩国衍宇包材株式会社成立于 1983 年，是引领世界化妆品包装容器市场发展的全球排名前十的化妆品包材企业，也是韩国最大的化妆品包装生产商。衍宇的主打产品是真空瓶器和泵头压头，尤其在按压喷头、模具制造和喷头缝合等方面有着极大的技术优势。衍宇在设计中一直秉承环保理念，在包材上坚持"可填充、可回收、可重复使用、减少塑料使用"四大原则。玫琳凯、安利、韩国 Wa 等都是衍宇的合作伙伴，著名的兰蔻小黑瓶，就是其和欧莱雅共同开发的成果。

2015 年 12 月 9 日，韩国衍宇（YONWOO）株式会社会长奇重铉也带领企业高管到中国美妆小镇考察，并当场签订了投资入园意向书。

衍宇签约入驻

2016 年 1 月 27 日，韩国衍宇包材株式会社在上海成立了衍宇贸易（上海）有限公司（YONWOO China Co.），为正式入驻美妆小镇展开多方面的市场调研和筹备工作。

韩国是美妆小镇招商的重点国家，侯军呈和招商团队前往韩国时也充满热情，韩佛和衍宇的热烈回应给侯军呈和招商团队带来了极大信心。

但如何让更多的韩国化妆品企业更快地了解中国美妆小镇的发展态势与优势呢？如何才能让招商团队更精准地接触到有意向开拓中国市场的韩国企业呢？

大家在领队茅利荣的建议下，拜访了对韩国化妆品行业影响最大的富体美丽公司。这是一家集平面和立体宣传于一身，同时又不定期组织韩国行业发展论坛的综合性媒体公司。

侯军呈一行慕名来到富体美丽公司与其高层领导接洽商谈。他一万个没想到，富体美丽的负责人态度十分傲慢，而且开口就谈钱！说要通过他们的平台宣传，要给钱！要借力他们帮助组织企业推介，得给钱！当然，通过第三方媒体平台帮助招商，支付一定的报酬是应该的，但一上来就狮子大开口地要钱，实在让人难以接受。

一时间，会场内一片寂静。这时，侯军呈清了清嗓子说："中国诞生了一个美妆小镇，中国的化妆品行业正在转型升级，化妆品产业将发生翻天覆地的变化，并将对世界化妆品行业产生巨大的影响。你们作为化妆品行业的一家知名媒体，有责任也有义务宣传报道行业正在发生的巨大变化、新闻事件，怎么一开口就是钱钱钱。你们的新闻敏感性和职业责任感都到哪里去了？"

侯军呈的话有理有据、掷地有声，震惊了在场的所有人。他作为一个新闻业的行外人，却能以新闻从业者的高度给富体美丽公司高层"上课"，一番话说得他们低下了头，不知如何回应。侯军呈让他们看到了中国化妆品行业领军人物的气度，看到了中国化妆品行业不可阻挡的发展态势。

就在大家为侯军呈的睿智感到自豪，也在为他的发言捏一把汗的时候，对方主动认错示好，建议双方继续展开友好合作。

在韩国招商的几天中，侯军呈还和大家一起走访了在亚洲有着极高口碑的化妆品品牌托尼魅力（TONYMOLY）以及韩国最大的化妆品制造商科玛公司，考察了澎泰、钟宇等包材公司，与各家韩方企业高层人士进行了友好、深入的交流，并通过韩国化妆品报（THE KOREA COSMETIC NEWS），在韩国淑明女子大学召开了美妆小镇推广说明会。

侯军呈带队的韩国探路招商，可以说是旗开得胜，让韩国同行们领略了中国化妆品企业家们的睿智和气魄，也让他们认识到中国市场的广阔前景，使得美妆小镇的招商引资工作取得了丰硕成果。

八、有梦想，终相遇

时间新故相推，实干接续发力。侯军呈在积极开拓国际市场的同时，并没有忽略国内市场的招商，他希望更多有梦想有情怀的民族企业家来到中国美妆小镇，大家团结一心，激扬起同心逐梦、矢志振兴民族化妆品行业的磅礴力量，而这一坚定有力的发声也得到了四方各界的共鸣。

2015年11月26日，侯军呈在中国美妆小镇迎来了一个同样有着家国情怀和打造民族品牌梦想的化妆品行业"少壮派"企业家，他就是上海上美化妆品有限公司创始人兼CEO吕义雄。

1977年7月，吕义雄出生在广东省汕头市一个贫苦人家。1995年，18岁的吕义雄就离家赴广州求学。求学期间，他如饥似渴地阅读了大量商业书籍。为了减轻家里的负担，他依靠勤工俭学维持生计。他摆过地摊，也经营过便利店。慢慢地，他在实践中体悟到：能做别人不愿做的事，吃别人不能吃的苦，就能挣到别人挣不了的钱。

1999年，吕义雄远赴陕西省西安市经商。他原本打算在西安经营服装生意，但经过实地调研与分析后，转而投身于化妆品领域，在批发市场开了一家主营化妆品批发零售的专营店，并以此掘得了人生中的第一桶金。

2002年5月，吕义雄带着8个人的团队来到了有"时尚之都"美誉的上海再展宏图大业。他从无到有创立了"韩束"化妆品品牌，经过几年的辛苦经营，将其打造成为知名的化妆品国货品牌。

2014年，吕义雄打响了多品牌战略，先后推出韩束、一叶子、吾尊、红色小象、索薇娅等品牌，将其美妆事业迅速推向辉煌。

英雄识英雄，英雄重英雄。侯军呈和吕义雄都是土生土长的民族化妆品品牌创始人。21 世纪初，他们在国内化妆品品牌接连被外资收购或兼并之时逆势而动，各自创立了自己的化妆品品牌并一路做大做强。后来，他们又共同担任中国香精香料化妆品工业协会副理事长，更是经常一起探讨中国化妆品行业发展之道。在法国巴黎，他们再次相遇了，说起梦想时，这两个男人有着不谋而合的想法。

吕义雄是一位有着远大抱负的商界青年英杰。他在参观法国欧莱雅化妆品公司后，曾立下雄心壮志，要在未来 30 年内创建一个在全球范围内能与欧莱雅媲美比肩的化妆品企业，为中国化妆品民族品牌的发展注入新鲜的血液。如今，在他的带领下，韩束品牌出现飞跃式发展，在短短几年时间内迅速跻身民族化妆品前列。

吕义雄听到侯军呈在卢浮宫发表激情洋溢的演讲后，敬佩之情油然而生，热切希望能参与到实现这个伟大梦想的征途中。这一次，他就是应侯军呈的邀请来湖州考察中国美妆小镇。

吕义雄考察美妆小镇

那天，吕义雄和韩束副总裁王子孟等人一行，在侯军呈和吴兴区区长吴智勇，区委常委、宣传部长茅利荣，以及湖州化妆品产业公司领导的陪同下考察现场，畅谈未来，他们越谈越兴奋，共同语言也越多。自此，中国美妆小镇成为这两人梦想相遇的美好见证。

12月25日，韩束和中国美妆小镇签订了对接入园协议，同时还签订了相关贸易协议。

上美与美妆小镇签订入园协议

这一时期，被侯军呈和中国美妆小镇所吸引前来考察的还有广东碧欧特化妆品总裁陈廷归、上海珈蓝集团总经理郑春彬、法国思拓公司总经理杨金莉等国内化妆品行业大佬。上海珈蓝集团旗下品牌"自然堂"的高管们有意到美妆小镇投资建厂，这一举动令该企业所在地上海市奉贤区的领导们"惊慌不已"，不得不拿出退税优惠、提供工业用地等政策安抚企业。郑春彬感慨地对侯军呈说："我们集团虽然暂时没有入驻中国美妆小镇，但也享受到了它带来的许多福利，是它推动着上海区县政府提升了对企业服务的水平。"

在积极"请进来"，遍邀业内知名企业的同时，侯军呈和中国美妆小镇团队也不忘"走出去",虚心向先进地区学习,拜师取经。他们的取经目的地就是位于我国时尚行业前沿的上海生物和日化产业区——上海化学工业区奉贤分区和上海奉贤经济开发区(国家生物产业基地)。

上海化学工业区是国家级经济技术开发区、国家首批新型工业化示范基地、国家生态工业示范园区、全国循环经济先进单位,也是我国投资规模最大的石化基地。近年来,上海化工区奉贤分区重点发展精细化工、化工机械装备和高分子材料等产业,形成了以精细化工、生物医药、化工机械、化工物流为核心的特色产业,成功吸引了国内外诸多知名美妆企业的落户。

上海奉贤经济开发区(国家生物产业基地)成立于2001年,是上海市九大市级开发区之一,分为生产型服务业功能区和生物医药产业功能区两大板块。2009年,它们分别被国家发改委和国家商务部及科技部列为"国家生物产业基地"以及"国家科技兴贸创新基地(生物医药)"。

2014年,上海奉贤区内与美丽健康相关的产业规模以上产值达到147亿元,贡献税收16.4亿元。在上海市250多家化妆品企业中,有四分之一在奉贤;在上海市化妆品生产销售总量中,奉贤的产出占比接近40%。奉贤区内的美丽健康产业已经形成了涵盖美容护肤品、香水、日化用品、保健品、生物医药等多个门类的产业集群,拥有以如新、伽蓝、韩束、科斯美诗等国内外知名企业为核心的企业集团。在奉贤,一条集研发设计、检测认证、原料采购、生产制造、营销推广为一体的全产业链已经基本形成。

2015年6月2日,中国化妆品产业湖州基地项目筹备组曾专程赴上述两家工业园区考察交流,在交流与互动中得到了园区建设管理方面的很多启发,双方达成了战略合作意向。

在实地考察后,双方举行座谈会,进行了深度交流。董立新副市长建议双方加强合作,把产品的研发和销售放在国际时尚前沿都市——上海,把生产基地放在生态优美的湖州,实现优势互补,共同把民族品牌推向一个新的高度。

同年12月2日,侯军呈和美妆小镇产业团队,以及湖州、吴兴政府有关部门人员在湖州市人民政府副市长董立新带领下,再次冒雨前往上海化学工业区奉贤分区和上海奉贤经济开发区（国家生物产业基地）考察学习。

通过多次深入的考察学习，侯军呈和美妆小镇团队受益良多，他们全面了解了两家园区建设和管理方面的先进经验和成熟的管理机制，为双方下一步全方位多领域的战略合作和发展打下了坚实的基础。

九、省委书记的关注和点赞

在侯军呈担任的众多社会职务中，有一个是杭州市乐清商会常务副会长。杭州市乐清商会成立至今已有20多年的历史，它以诸多的社会贡献连续获得国家颁发的"全国四好商会""5A级社会组织"等荣誉称号，成为全国各种商会组织中的典范。这家商会有一个很好的传统，就是每年都由商会出资，组织商会中的优秀会员和顾问出国考察，在游学中开阔眼界，寻找商机。

2015年11月10日，侯军呈带着商会的优秀会员、优秀顾问及家人组成了30多人的团队出国考察。他和大家刚刚飞抵西班牙的新德里机场，就接到时任吴兴区区长吴智勇的电话，请他第二天赶到吴兴埭溪接受一个重要任务。他带着歉意解释，自己刚刚带团来到西班牙游学，实在无法脱身回去。

不一会儿，时任吴兴区委书记蔡旭昶的电话又追了过来，要求他赶回吴兴埭溪参加一个重要活动。不知内情的他还是婉言谢绝了。

不久后，时任湖州市委书记裘东耀直接给侯军呈打了电话。裘东耀书记在电话里说："老侯，您必须马上赶回来。否则，您将失去一个帮助中国美妆小镇发展的大好机会。"

还有什么能阻挡侯军呈对中国美妆小镇发展的向往呢？裘东耀书记的电话触动了侯军呈的心弦，他马上让助理订购回杭州的时间最近的机票，他对游学事宜稍做安排后就立刻赶往机场。经过一天的飞行和奔波，他终于在第二天晚上回到了吴兴埭溪。

11月12日早上，侯军呈早早来到自己在埭溪镇的珀莱雅生产工厂。这时,他才知道是时任浙江省委书记、浙江省人大常委会主任夏宝龙要来考察调研。夏宝龙书记之前看过与美妆小镇相关的报道,也听了下属的汇报,他感到很不简单,要亲自来看看真假。

那天,省委书记夏宝龙在湖州市委书记裘东耀、吴兴区委书记蔡旭昶的陪同下来到了吴兴埭溪。面对一片空空的山地,他不免对传说中的中国美妆小镇产生疑虑。

在珀莱雅生产工厂考察时,夏宝龙一边参观生产流水线,一边听取侯军呈关于珀莱雅的发展汇报和中国美妆小镇的建设构想,他越听越感兴趣。夏宝龙亲自体验了珀莱雅生产线上的最新产品,目睹了珀莱雅生产工厂太阳能辅助加热系统、国家一级排放标准的污水处理系统、绿色环保升级锅炉房、空压机热能回收系统、中水回用系统等多个环保节能系统组成的绿色智能化生产流水线,心中的疑虑渐渐消去。夏宝龙对珀莱雅近几年的飞速发展和推行的环保节能理念给予高度评价,对侯军呈和中国美妆小镇全方位整合国内外化妆品行业优势资源的做法表示赞赏。

夏宝龙书记视察美妆小镇

夏宝龙认为,中国美妆小镇在政府支持的基础上,以产业为主导,以资本为助力,结合互联网要素,这"政、产、融、网"四位一体的建设战略确实可行。他希望美妆小镇通过高标准化妆品产业集聚地的打造,实现中国化妆品产业的飞跃。

考察期间,夏宝龙还主动招呼大家合影留念,给一直期盼和领导合影留念的中国美妆小镇团队极大鼓舞。

11月12日下午,浙江省人大常委会党组书记、副主任茅临生带领浙江省人大代表湖州中心组第一小组成员也来到埭溪镇,对中国美妆小镇项目进行考察。

茅临生一行首先观看了中国美妆小镇的项目VCR,听取了时任埭溪镇党委书记朱建忠关于中国美妆小镇建设的工作汇报。接着,侯军呈就项目的起源和规划做了详细阐述,吴兴区委书记蔡旭昶从政府层面进行汇报。随后,代表组成员纷纷发表意见,大家对中国美妆小镇的项目定位、区位优势和人文底蕴都非常看好,认为湖州会因为这个新的产业增长点而产生更大的魅力。

茅临生在总结讲话中对中国美妆小镇的建设给予高度评价,对吴兴区领导干部踏实进取的作风和侯军呈等企业家的务实精神给予赞赏。

茅临生副主任视察美妆小镇

在中国产业转型升级的时代背景下，中国美妆小镇探索出了一条成功的升级发展之路。它摆脱了传统制造业的路径依赖，秉持"产业高地、时尚园区、特色小镇"的发展主题，总体构建出"一核三区"的空间格局，即化妆品产业核心、文化创意区、工业体验式旅游区和综合服务区。美妆小镇在构建化妆品全产业链的同时，充分挖掘产品文化内涵，结合当地深厚的历史文化底蕴以及良好自然生态环境，融入文化、时尚、休闲、旅游等元素，突出"产、城、文、人"的有机融合，这个战略规划一出世就赢得了一片掌声。

此外，中国美妆小镇通过特色塑造、魅力展现和品牌推广，终极目标是将其打造成中国美妆产业集聚中心、中国美妆文化体验中心和国际时尚美妆博览中心，这个规划也得到越来越多的各阶层人士的肯定。这也让侯军呈和中国美妆小镇建设团队再次受到鼓励，做大做强的劲头儿更足了。

夏宝龙书记、茅临生副主任考察和肯定中国美妆小镇的消息，不但在湖州和浙江被迅速传开，还被韩国《化妆品报》等海外媒体获悉并广为传播，吸引了更多世界同行的目光，也再次提升了中国美妆小镇的行业知名度，更有利于侯军呈和美妆小镇团队扩大招商和服务工作。

11月13日，侯军呈又马不停蹄地飞回了西班牙。得知这一消息后，原本认为侯军呈不可能回来的游学考察团成员们自觉在宾馆门前列队欢迎他归队。大家兴奋地把他抬起抛向天空，祝贺他的努力得到省委、省人大主要领导的点赞，感谢他守信归队，继续带领大家游学。

第二章 筑梦新时代

十、总顾问和超级顾问团

在埭溪沃土上的这颗沧海遗珠终于在所有人的共同努力下，渐渐发出了它璀璨的光芒，也得到了越来越多的重视。省委书记夏宝龙的考察和点赞给中国美妆小镇项目指明了发展方向，增添了新的发展动能，湖州市和吴兴区也加大了对小镇建设的支持力度。

2015年12月，湖州市政府成立了由市长陈伟俊担任组长，分管工业的副市长董立新担任副组长，吴兴区区长吴智勇和市发改委、经信委、商务局、规划局、国土资源局、市场监督局、工商联等部门主要领导为成员的"中国化妆品生产基地·湖州"项目领导小组。领导小组每个月都要开一次全体会议，不但主动帮助协调解决小镇建设中存在的各种问题，还积极研究接下来的支持工作。市长陈伟俊、副市长董立新在百忙之中还经常赶到小镇召开现场办公会，他们的努力成为推进小镇建设的强大动力。

2016年1月3日，吴兴区中国美妆小镇管委会挂牌成立。2月19日，吴兴区委办公室发出成立美妆小镇管委会的通知，并聘请侯军呈为管委会总顾问，排名在时任吴兴区领导的管委会主任潘华、茅利荣之后，在时任埭溪镇党委书记、管委会常务副主任朱建忠，以及时任埭溪镇镇长、管委会副主任戚斌斌和吴兴区有关部门领导之前。吴兴区的这一破格举措引起了世人瞩目，人们都想不到政府居然有如此魄力聘请一位企业家担任美妆小镇的总顾问。

对此，管委会主任茅利荣介绍，侯军呈作为一位知名企业负责人，被邀请到政府有关专项工作攻坚行动中担任领导工作，这在当地尚属首次。他的职务和排名顺序都是党委和政府为了便于他开展工作而反复研究决定的。

侯军呈常满怀感激地说，自己能参与到中国美妆小镇的开发建设中，能取得今日的事业成就，完全得益于党和政府的正确领导和大力支持，得益于改革开放这个伟大的时代。他之所以舍小家为大家，甘心赔钱也要做整个行业的"店小二"，主要是心怀感恩，希望能用自己的行动回报社会，为产业报国贡献自己的一份力量。

1月20日，侯军呈在吴兴区委、区政府召开的"吴兴工业大会"中做了题为《大格局成就大未来》的主题演讲。在演讲中，他充满深情地说：

> 珀莱雅多年来的发展，离不开诚信务实的当地政府，特别是在湖州发展的这几年，得到湖州市各级政府的大力扶持。湖州是一块宝地，也是我们珀莱雅的福地。因此，只要有机会我们就要回馈当地政府，回馈社会，回馈我们所从事的这个行业。所以，就有了"中国化妆品生产基地·湖州"这个项目。这个项目的缘起，是我们对发展中国化妆品产业转型升级、整合资源的一份使命感和责任感。
>
> 做事先做人，价值观就是我们每个人在工作中做人的准则。放下功利心、浮躁心、投机心，投入理想和梦想，帮助别人、快乐自己。工作不仅仅是一种物质行为，更成为一种实现理想的人文行为。只有拥有了大格局，才会有大未来。我们企业家要常怀感恩之心，努力服务于企业，同时不忘回报社会，实现资源共享、合作共赢、共创未来。

俗话说"一个好汉三个帮"，作为中国美妆小镇管委会的总顾问，侯军呈履新后做的第一件事就是帮助管委会整合优质人脉资源。他通过自己多年积累的人脉关系，把中国化妆品行业的领军人物请来担任中国美妆小镇的顾问，为小镇的建设献计献策，帮助制定科学的发展规划，并借助整个行业的力量推进小镇的开发建设进度。首批被侯军呈请来的重量级顾问有：

中国香料香精化妆品工业协会理事长陈少军

全国香料香精化妆品标准化技术委员会主任董树芬

全国工商联美容美发化妆品业商会会长马娅

全国工商联美容美发化妆品业商会专家委员会主任杨志刚

中国美容博览会组委会主席桑敬民

中国日化协会会长王万绪

化妆品报社社长杜宏俊

品观传媒董事长邓敏

大格局成就大事业，更能带来一方繁荣。

在侯军呈和中国美妆小镇管委会一众实干派领导的眼里，他们并不想简单地建设一个略有特色的产业小镇，而是想在湖州埭溪这一隅之地冲击化妆品业的世界巅峰。

因此，他们常常站在全球化妆品行业的高度思考问题。面对机遇和挑战，他们如何才能建立战略制高点，掌握全球化妆品行业的话语权呢？如何才能使国字号生产基地名副其实？如何才能奠定中国美妆小镇在全球化妆品行业的领导地位呢？如何为美妆小镇中的入驻企业创造可持续的优势成长环境呢？又该如何为入驻企业培养输送专业的人才，甚至吸引并留住高端人才呢……这一个个问题时刻萦绕在侯军呈和一众领导的心中。

为了解决这些美妆小镇"成长中的烦恼"，侯军呈把这些"大佬"顾问和浙江省工业经济研究所所长兰建平、上海同济城市规划设计研究院总工程师高中岗等专家请到湖州，请他们从战略的高度探讨中国美妆小镇建设发展的未来方向。

研讨会上，杨志刚毫无保留地为大家介绍了法国格拉斯香水小镇的发展经验，建议中国美妆小镇的建设目标要实现从产业基地到文化园地、旅游胜地的战略发展，在规划上要考虑天时、地利、人和三个方面，争取建设世界级美妆博物馆和世界级香精香料原料植物种子园。

美妆小镇战略研讨会

陈少军则认为中国美妆小镇的开发建设符合国家产业发展政策，符合时代发展潮流趋势。因此，他建议要抢抓机遇，迎接挑战，破除传统工业园模式，通过创新运营模式和打造文化内涵支撑，做出小镇的特色，体现其在中国的唯一性。

长期从事化妆品标准审定等工作的董树芬说，中国美妆小镇产业发展的契机非常好，中国化妆品民族企业十强中有珀莱雅和欧诗漫两强在湖州，在产业、资源和品牌方面占据了一定的优势。如果将政府的支持和企业努力相结合，将传统服务模式和现代科技相融合，如建立国家级的研发中心，研发原料、配方、功效评价、包装设计等，并积极做好与国内外知名教育教学机构的合作，那么美妆小镇的前景无限光明。董树芬谈及自己从事了大半辈子的化妆品检测事业，眼看自己毕生的梦想将要在湖州实现时，更是心潮澎湃，激动得热泪盈眶。

桑敬民对建设中国美妆小镇寄予了厚望，建议在规划时要重点考虑新、奇、特、全，要细化三年中每年的发展重点，要在融入全球性产业活动，如平台打造、创意包装、规模建设上有所突破。

《化妆品观察》执行主编邓敏对中国美妆小镇的传播方式和传播角度提

出了独到的见解，对产业源头、产业链、品牌高地、背后的文化内涵、未来布局等方面都进行了详细的阐述。

专家们一致认为，在他们的眼中，中国美妆小镇一定有别于传统意义上的工业园区，而是独具特色、引领国内外化妆品潮流的高地。

因此，只有通过建立全球化妆品行业的产业、教学、研究、文化等各方面的最高标准体系，中国化妆品生产基地·湖州才能打造成为全球化妆品行业的第一高地。战略目标的实现是一个系统性工程，需要长期持续性投入，但可分期逐步实施。这项工程的重中之重是创办全球化妆品行业最高学府"中国美妆学院"和权威学会"中国美妆学会"等核心机构，再辅以顶尖化妆品研究机构、一流的人才培训机构、世界级美妆博物馆和香料植物园、产业信息权威发布平台、行业高峰论坛等项目，促成国内外一流企业与创新企业在此集聚，并形成规模化优势，从而树立生产基地在全球化妆品行业的领先地位。

侯军呈十分感谢这些行业领袖和专家的大力支持和帮助，感谢他们以国际化的视野，对打造中国化妆品行业平台、发展民族化妆品品牌提出的真知灼见，为大家拨开了笼罩在周围的发展迷雾，让自己和中国美妆小镇的决策者、建设者们看到了美好的发展未来，也织就了一个美丽的梦想。

美妆小镇顾问团

十一、"东方格拉斯"的魅力

在"浪漫之都"法国东南部普罗旺斯-阿尔卑斯-蓝色海岸大区的阿尔卑斯山脉分支中,有一座因小说《香水》而闻名世界的迷人小镇——格拉斯。这里有充足的阳光、丰富的水源、发达的种植业,得天独厚的自然环境与先进生产技术的双重优势,使得这里的香水制造业发展迅速,新产品层出不穷。从 17 世纪至今,这里一直是世界香水产业的中心,从城郊的香水原料生产作坊,到城中心的花宫娜香水工厂和香水博物馆,随处都有与香水有关的景点。可以说,拥有了"世界香水之都"的格拉斯为法国的浪漫气息增色良多。

在杨志刚向湖州介绍格拉斯香水小镇之前,侯军呈就多次到访格拉斯进行实地考察,打造"东方格拉斯"也成为他越来越渴望实现的梦想。自从中国美妆小镇建设项目启动以来,在不到半年时间里,小镇已经名闻遐迩了,它散发出无穷的迷人魅力,吸引了世界各地的来客。

2016 年 1 月 26 日,中国新闻社以《中国美妆小镇载民族梦 以梦为马打造"中国格拉斯"》为题的长篇通讯,向世界报道湖州埭溪环境优势为美丽产业加分,美妆小镇应运而生。文中这样描写中国美妆小镇的魅力:

> 时光流转,曾经的诗意江南如今化作一片青山绿水,为美丽产业的崛起埋下伏笔。这处伏笔自湖州的山水中来,依吴兴的环境而兴,起承转合间尽含生态的底蕴,尽富资源的精华。
>
> 山美,既有远岫渺茫的山色朦胧,也有修篁万竿的匝地清凉。承托起美妆小镇的这片土地,与中国四大避暑胜地之一的莫干山衣襟相连,山体层峦叠嶂、郁郁葱葱,景色秀美,森林覆盖率达 70% 以上。
>
> 水美,山溪曲折,流脉繁多,一条东苕溪穿境而过,充盈了红旗水库、风车口水库、大坞坂水库等八大水库,水质优良,水体资源丰富。

清风拂过，水面波光微皱，碧水微澜，水天一色。

远目望去，悠悠碧水衬托着渺渺青山，一幅水墨山水画浑然天成，人行其间，如在画中游，似又在梦中，高品位的山水资源以及高品质的生态环境让美妆小镇应景而生。

漫步其中，这个隐匿在青山绿水间的小镇竟让人恍惚看到了远在法国阿尔卑斯省的格拉斯小镇的影子，刹那间的错愕让来客仿佛置身于遥远的"香水之都"。

同一天，浙江《市场导报》刊发报道称赞湖州吴兴区政府为"美妆小镇"的建设提供了诸多高效的服务。报道说：

根据规划，小镇将重点打造以化妆品生产为主导的全产业链。在化妆品生产上，将研发生产护肤产品、彩妆产品、香水产品及其他配套产品。在产品展销上，将发展会展业和休闲旅游，计划建设世界最大的化妆品主题博物馆等，依托小镇内香料植物园等景点打造"吴兴美妆小镇一日游"。同时，还会将产业链延伸到"互联网+"，发展化妆品电子商务。

近日，为了保障美妆小镇建设的顺利进行，吴兴区市场监管局和埭溪镇政府联手，立足企业注册窗口，着力打造高效对接平台，积极做好园区新进化妆品企业的注册登记服务工作。截至目前，已指导湖州上美化妆品有限公司、湖州北通化妆品有限公司等4家公司完成注册登记。

1月28日，浙江省级特色小镇第二批创建名单正式出炉，湖州吴兴的中国美妆小镇名列其中。这引起了世人关注的目光：这个位于埭溪的中国化妆品生产基地·湖州也就是中国美妆小镇有何来头？她为何能位列省级特色小镇名单？《化妆品报》编辑这样分析：

中国美妆小镇项目的缘起是为了支持中国化妆品产业的升级发展和崛起。化妆品行业是一个高速发展，未来前景广阔，且体现国家科技文化软实力综合水平的行业,但是民族品牌仅占到国内市场约30%的份额,而且大多处于中低端领域。杭州市化妆品协会会长侯军呈和他的同行们认为,作为化妆品行业的领军人物,有共同的责任推动该行业在中国的升级换代,以尽快达到国际领先水平。

在当地政府的扶助下,中国美妆小镇通过政企携手合作大大提高了工作效率,加快了建设的步伐,从招商引资和基地建设,短短几个月内已经颇见成效。未来的中国美妆小镇除了化妆品生产企业,还有化妆品及香精香料天然原料植物园、化妆品及香精香料博物馆、化妆品品牌展示一条街、大师创意工作坊、化妆品实验室、第三方权威检测认证中心、化妆品与香精香料研发机构、整形美容机构、康体养生度假酒店等配套设施。

美妆小镇规划效果图

中国美妆小镇摆脱了传统制造业路径依赖,在完善化妆品全产业链的同时充分挖掘产品的文化内涵,结合当地深厚的历史文化底蕴以及良好自然生态环境,融入文化、时尚、休闲、旅游等元素,通过特色塑造、魅力展现和品牌推广,将美妆小镇打造成中国美妆产业集聚中心、中国美妆文化体验中心和国际时尚美妆博览中心。

这就是侯军呈他们要打造的"东方格拉斯"的独特魅力。

2016年1月19日，人民日报、新华社、光明日报、经济日报、中央电视台等媒体组团来到湖州埭溪，聚焦中国美妆小镇，对浙江特色小镇的典型做专题采访并向全国推广。他们对中国美妆小镇以"美"为特色，以保护青山绿水和土地集约使用为前提，以取得全球化妆品产业的制高点为核心的建设目标表示高度赞赏，相信中国美妆小镇必将深刻影响中国乃至世界化妆品行业的发展，推动中国化妆品行业的崛起。

2016年2月29日，新华社在《浙江全面推进特色小镇创建综述：钱江起风潮，小镇领风骚》中讲到小镇缘何引力足时，这样举例说明：

在中国化妆品生产基地湖州，春节刚过，建设中的美妆小镇吸引了好几批客人，几家韩国企业专程前来洽谈合作。"为什么大家愿意来？因为美妆小镇特色鲜明，就是要做中国的格拉斯——在浪漫之都法国，格拉斯小镇因为香水制造而闻名于世，未来美妆小镇将依托美妆产业崛起。"美妆小镇"镇长"、湖州市吴兴区埭溪镇党委书记朱建忠说。

同一天，《浙江日报》在《美妆小镇打造芬芳产业链，太湖之滨，飘来红妆"女儿香"》报道中介绍说：

在湖州市埭溪镇中国美妆小镇韩佛化妆品项目工地现场，一辆辆工程车井然有序地来来往往。"此前，我们也考察了中国的许多城市，但最终决定在中国美妆小镇兴建工厂，我们看中的是这里对化妆品产业发展的全新定位。"韩佛化妆品株式会社中国区负责人金南日如是说。

这片韩国企业入驻的地方，曾经是连片的低丘缓坡和一座座废弃的矿山。靠山吃山的埭溪人通过低丘缓坡改造，为科学发展腾出了空间。这次，他们要将"最美的产业"引入青山绿水间，建设成一个错落有致、依山傍水的花园式工业园区。

中国美妆小镇正散发着迷人的魅力，她在热情地向世界招手，欢迎八方客商来埭溪做客、安家。

十二、省长来了

"镇小能量大，创新故事多；镇小梦想大，引领新常态。"这是浙江省省长李强对特色小镇建设的衷心祝愿。

2016年2月18日，在春节长假后的第一时间，时任浙江省省长李强就带领省政府有关部门领导到湖州调研，在湖州市委书记裘东耀、市长陈伟俊、吴兴区委书记蔡旭昶、吴兴区委常委兼宣传部长茅利荣、美妆小镇总顾问侯军呈等人的陪同下考察中国美妆小镇和珀莱雅化妆品生产基地。

李强省长是一位对特色小镇建设有着深刻理解和特殊情怀的高级领导干部。早在2014年10月，李强省长应邀前往全国首个云计算产业生态小镇——云栖小镇参加首场阿里云开发者大会。参观完云栖小镇的"梦想大道"后，他高兴地说："让杭州多一个美丽的特色小镇，天上多飘几朵创新'彩云'。"这是他首次公开提及"特色小镇"。

第二年，浙江特色小镇建设更是进入了发展的"快车道"。年初，"加快规划建设一批特色小镇"被列入李强省长所做《政府工作报告》的"2015年重点工作"中。5月，浙江发布《省政府关于加快特色小镇规划建设的指导意见》，提出重点培育和规划建设100个左右的特色小镇。1个月后，首批37个省级特色小镇创建名单公布。

10月，李强省长在浙江省委机关刊物《今日浙江》上发表题为《特色小镇是浙江创新发展的战略选择》的署名文章，对浙江省的特色小镇建设工作首次进行全面总结。李强在文章中强调："在新常态下，浙江利用自身的信息经济、块状经济、山水资源、历史人文等独特优势加快创建一批特色小镇，这不仅符合经济社会发展规律，而且有利于破解经济结构转化和动力转换的现实难题，是浙江适应和引领经济新常态的重大战略选择。"

这是李强省长在文章中首次系统阐述了特色小镇的发展理念。他表示，

第二章 筑梦新时代

不久的将来，一个个产业特色鲜明、人文气息浓厚、生态环境优美、多功能叠加融合、体制机制灵活的美丽小镇将深刻地改变浙江的经济社会发展格局，推动新常态下的浙江发展保持中高速、产业迈向中高端。

如今，中国美妆小镇刚刚被列入浙江省第二批创建特色小镇名单中，李强省长就来考察了，足见他对中国美妆小镇的关心。

李强省长在珀莱雅化妆品生产基地考察时耐心地听取了侯军呈的介绍。珀莱雅化妆品企业已与全球9个国家的化妆品专业研发机构建立长期合作关系，他们从国际一流原料供应商进口优质原料和设备，整个自动化生产系统从原料、生产到包装、质检一应俱全，全面实现"生产智能化、设备原料全球化"。李强省长听后非常高兴，并给予了高度认可。

"短短半天时间根本看不够，还要花上一天的时间来感受！"这是李强省长参观珀莱雅化妆品生产基地时最直观的感受。李强省长在考察后感叹，化妆品行业是朝阳产业，可以说是世界上最好的产业之一。民族品牌要有大梦想，要坚持做好自己的品牌，立足本土，走出国门，赢得更大的发展。

李强省长对陪同人员直言："看了珀莱雅，增强了对中国化妆品产业发展的信心，增强了对民族品牌发展的信心！"

李强省长参观考察珀莱雅

离开珀莱雅化妆品生产基地后，李强省长来到"中国美妆小镇"建设现场听取工作汇报。

侯军呈介绍说，自2015年9月启动中国美妆小镇项目建设以来，小镇坚持打造美妆产业集聚中心、美妆文化体验中心、国际时尚美妆博览中心的发展目标，依托"公司＋基金＋政府"的合作推进模式，已经在项目招商引资方面取得了实质性进展。短短的半年时间，已建成项目1个，在建项目2个，签约项目9个，意向签约项目3个，计划总投资48.8亿元，其中国内外知名品牌6个。同时，韩佛化妆品、科技孵化园、总部检测大楼、美妆文化园等5个项目将于3月底集中开工，并排定了美妆博物馆、情景商业街等10个公建配套项目和创业大道等18个基础设施建设项目，为承载项目入驻、全产业链拓展打下坚实基础。

李强省长在听取汇报后表示，中国美妆小镇的建设规划顺应了"特色小镇"的发展战略，"以新理念、新机制、新载体推进产业集聚、产业创新和产业升级"，全面整合化妆品行业资源，创建协调、绿色、开放、共享发展的化妆品行业平台。

此外，他对珀莱雅将化妆品产业文化作为企业责任感的抓手进行了充分肯定，希望化妆品文化在珀莱雅的演绎下焕发出新的光彩。

李强省长的到来和肯定给中国美妆小镇的建设者们增添了新的信心和力量。侯军呈在陪同考察时表达了自己的愿景：通过打造中国美妆小镇，全面提升中国化妆品产业发展水平，造福中外消费者。同时，美妆小镇将为全世界有追求、有梦想的化妆品从业者和企业提供最佳的创业平台，提升中国化妆品的世界地位。

十三、面子和感激

阳春时分，万花盛开，这个生机盎然的小镇也迎来了一个美丽的女人——"精油女王"季梅。这一次，她又来到中国美妆小镇，考察玫瑰庄园建设项目的进展情况。

季梅第一次到中国美妆小镇便是因为同是温州老乡的侯军呈,那时,她的身份是法国百年香薰品牌 Lampe Berger 中国区执行总裁、福萝拉生物科技有限公司董事长。在很多人的眼中,湖州并不出名,高铁湖州站也不大,不少人第一次来湖州时常常不小心坐过站。那天,季梅坐高铁来从温州到湖州时也坐过了站。

季梅从小就是一个爱美的女生,她小时候皮肤比较黑,而那个年代人们的审美更偏向于肤白,所以她从小的梦想就是希望自己能够变白一些。于是,她对各种美白产品、护肤品特别感兴趣。12岁就远渡重洋,在国外的岁月让她对美妆产品有了更直接和更全面的深入了解。长大后,季梅全身心地投入到自己热爱的美妆事业中,还专门去马来西亚学习芳香疗法,并成为美容界知名人士徐高雅博士的得意门生。后来,不满足于既有成就的季梅远赴英国求学,成为当时英国 Penny Price 国际芳香治疗学院的唯一一位中国学员。学成回国后,她在杭州西湖边开办了一家高档精油馆,开启了"精油女王"的传奇人生。

"精油女王"季梅

2014年，季梅成为至今已有120多年历史的法国知名薰香品牌Lampe Berger中国区总代理，这个消息在美容化妆品界引起了一阵轰动。Lampe Berger是香薰界的"爱马仕"，是诸多国际巨星的专用香薰品牌。

1898年，药剂师莫利斯·柏格（Maurice Berger）为减少医院内的病菌，净化院内污浊空气，潜心研究多年后发明了一整套催化挥发系统，第一盏Lampe Berger香薰灯也由此诞生。之后，Lampe Berger香薰灯凭借时尚的造型和卓越的芳香精油迅速风靡全世界，并在法国、意大利、美国捧得多项殊荣。

欧洲著名画家毕加索曾盛赞Lampe Berger香薰为"最有智慧的芳香"；在2013年央视春节晚会上以一曲《My heart will go on》让中国观众重温经典的加拿大著名歌星席琳·迪翁，曾一口气购买了25套Lampe Berger香薰灯作为圣诞节礼物赠予朋友；法国香奈儿品牌创始人可可·香奈儿、法国著名影星苏菲·玛索、美国好莱坞影星斯嘉丽·约翰逊，都是Lampe Berger香薰灯的忠实用户。

侯军呈和季梅可以说是同行兼老乡。由于业务关系，季梅曾多次到珀莱雅参观考察，对侯军呈的为人处事有着极好的印象。随着交往的增多，两人也逐渐成为至交好友。

2015年，侯军呈参与规划建设中国美妆小镇项目时，多次向季梅讲述美妆小镇全产业链的美好前景，并盛情邀请她前往考察，希望她能参与化妆品原材料——花草种植产业。彼时的季梅对湖州和埭溪并不熟悉，只是碍于面子答应前去参观考察。

2016年2月22日是元宵节。在这阖家欢乐的日子，季梅如约来到湖州。她走出高铁站，坐上侯军呈派来接她的专车前去埭溪。侯军呈与中国美妆小镇管委会主任茅利荣陪同她考察场地，并给她详细讲解建设中的香精香料种植园、精油博物馆、美妆学院等，这些设施将极大地丰富中国美妆小镇全产业链。讲解中，侯军呈脸上洋溢的对化妆品事业的热爱之情感染了在场的所有人。他动之以情、晓之以理的讲述令季梅感动。短短的半个月后，季梅再一次来到了中国美妆小镇考察。

在清明小长假期间，季梅第三次来到小镇，对规划面积约500亩的香精香料种植园项目进行详细考察。

很久之后，季梅对人坦言，美妆小镇是一个全新概念的美妆项目，包括化妆品原料种植、香精香料生产、体验式旅游开发及美妆培训教育等，包含了丰富的产业内容。最初，自己有些疑惑，想象不出这片原生态的土地上能种出什么样的花儿呢？小镇的未来是否那么美好？后来，她签约项目时，内心的真实想法是把这里当作在青山绿水之间给父母建一个亲近大自然的家，也是给侯军呈董事长一个面子。

想归想，做归做，容不得半点马虎。季梅做事非常认真，项目确定后，她决定聘请专业团队做出最佳的设计。她首先请来法国设计师将破旧的看林房屋改造成时尚的现代民宿，既可以让自己一家人休闲住宿，也可以接待游客和朋友。之后，她就开始谋划种植玫瑰的事业蓝图。

起初，做事谨慎的季梅只试种了几十亩玫瑰花，但是成活情况并不理想。她没有气馁，而是请来了植物学专家、玫瑰种植技术专员及其他相关人士。专家们通过技术检测、环境评估等方式多方勘查，最终认为这片土地非常适合种植玫瑰。这一结论令季梅喜出望外，她当即决定在这里建设一座四季玫瑰庄园，还要扩大种植规模，丰富品种。她广邀朋友收集各品种玫瑰。从那时起，玫瑰庄园里的神秘来客多起来了，不同肤色、不同国家的国际友人相继而来，玫瑰庄园里的花儿也开得越来越茂盛。目前，季梅的玫瑰庄园里已经拥有上百个品种、9999棵玫瑰树，其中不乏一些珍稀品种。比如从日本引进的黑玫瑰，花冠会向四周蔓延的蔓延玫瑰等。在它们构成的随风舞动的画卷里，处处透着清甜的味道。

玫瑰是"花中之王"，不仅适合观赏，也有着极高的护肤、食用及药用价值。在成片的玫瑰林蓬勃生长时，季梅又请来了专业团队做玫瑰系列产品的研发。2018年，她与保加利亚最大的玫瑰种植基地结为战略合作伙伴，得到了更多的技术和种源的支持。为了提升玫瑰庄园的品牌知名度，在当地政府的推动下，她在玫瑰庄园举办了第一届中国美妆小镇国际玫瑰文化节，取得了极大的成功。如今，玫瑰文化节已连办了四届，影响力也越来越大了。

JSPA 四季玫瑰庄园

季梅回顾自己这几年在中国美妆小镇的玫瑰事业时,非常感谢侯军呈把自己引荐到这里,还很感激侯军呈在自己遇到困难时给予的无私帮助。她动情地说,在第一届玫瑰文化节结束后,侯军呈主张"玫瑰文化节不能停,要继续办下去"。他亲自去找各级领导,找各个合作伙伴,在他的推动下,2019年如期举办了第二届玫瑰文化节,之后每年一届一直坚持到现在,圆了她的"玫瑰梦"。

如今,充满生机的玫瑰庄园不仅成为季梅美丽优雅的工作之地,也是忠实践行"绿水青山就是金山银山"发展理念的生动案例,更是一个中国美妆小镇客户从"给面子"到真心感激的美丽故事。

第二届国际玫瑰文化节

十四、追赶国际化

仰望星空，不忘脚踏实地；以梦为马，方不负韶华。

侯军呈就是这样一位为了梦想而甘愿俯首耕耘、踏踏实实做事的人。他不但是中国化妆品行业的领军人物，还在全国香精香料、美容美发等相关行业协会、商会中担任重要职务，有着非同凡响的影响力。他也利用自身的这种优势凝聚行业力量和智慧，积极推动中国美妆小镇的建设。他的经典举措就是借力行业协会的优势进行精准而高效率的招商，扩大影响力。

一个春意盎然的日子里，苏州东吴香精有限公司总经理陈民跟随苏州日化协会考察团来到了中国美妆小镇，走访到这里落户的会员企业御梵化妆品公司。

苏州东吴香精有限公司是一家以生产和销售各类香精及相关产品的日化公司，产品范围涵盖了护肤、洗浴、美容等主要领域，还生产供环保、工业和安全等各种用途的日用化学品及食用香精。它是国内香精香料领域的标杆企业，有着中国香精香料化妆品工业协会常务理事单位、江苏省日用化学品行业协会的副理事长单位、苏州市日用化学品行业协会副会长单位等诸多称号。

陈民一家三代都和香精香料有着不解之缘。陈民的父亲陈金友是我国香精行业的知名前辈，早在 1957 年，与他人一起筹建创办了国营苏州香精厂。1989 年，陈金友趁着改革开放的东风创办了苏州东吴香精厂。3 年后，该厂和法国 CICOD 公司合作成立了中法合资苏州东方香精有限公司，成为国内改革开放后第一批走上国际化发展之路的香精企业。不久之后，总部位于瑞士日内瓦的 Firmenich 公司收购了法国 CICOD 公司的股份，中法合资苏州东方香精有限公司改名为苏州芬美意香精有限公司，继续与国际行业巨头携手发展，开拓国内国际市场。

2004 年，苏州东吴香精厂收购了 Firmenich 公司手中的苏州芬美意香精有限公司股份，将企业更名为苏州东吴香精有限公司，仍然与 Firmenich 公司保持着紧密的合作关系。30 多年来，苏州东吴香精有限公司秉承先进的管理模式和经营理念，以精良的品质和完善的售后服务创造出了骄人的业绩，其成功秘诀之一就是不停地加快国际化的步伐。

据陈民介绍，Firmenich 公司中文译名为"芬美意"，是一家有 100 多年历史的跨国集团公司。该公司自创建以来，坚信高品质、创造和革新为生产经营之本，每年投入大量资金用于产品研发，拥有 10 项国际大奖、1800多个专利技术，其中一项科研成果还曾荣获诺贝尔化学奖。如今，该公司在世界 27 个国家和地区设有 40 多家分公司，年销售额达 30 多亿瑞士法郎，在世界香精香料行业中排行第二位。

陈民说，他在行业内久闻珀莱雅和侯军呈的大名，也听说过他的传奇故事，认为侯军呈在巴黎卢浮宫发表的演说具有很强的国际化理念。他这次是特地来实地考察、一探虚实的。

在美妆小镇上，陈民仔细倾听了侯军呈的小镇规划介绍，又体验了埭溪绿水青山的优美自然环境，仿佛看到自己企业的未来：在一片美丽的自然风光下，一座花园般的国际化香精香料专业公司在有条不紊地运作着，这一切是那么和谐、自然。他越想越动心，萌发了也到中国美妆小镇落户的想法。

回到苏州后，陈民的心却留在了湖州。他特别关注与中国美妆小镇有关的各种信息，也留意着侯军呈的动向。为此，他还两次自掏腰包跟随侯军呈走出国门，去法国、摩洛哥等国家考察和招商。他经过一段时间的近距离观察，亲身感受到侯军呈做人做事的胆魄和魅力后，下定了到中国美妆小镇投资发展的决心。

2016年11月8日，湖州东吴香精生产基地项目签约仪式在美妆小镇管委会举行。苏州东吴香精有限公司董事长陈金友、总经理陈民、总经理助理陈晟祖孙三代和美妆小镇管委会主任茅利荣、总顾问侯军呈、江苏日化协会秘书长吴国炎、埭溪镇党委书记朱建忠、镇长戚斌斌等人共同参加了签约仪式。侯军呈和中国美妆小镇领导对企业的重视和关怀之情让陈金友一行人的心里更加踏实。

湖州东吴香精签约入驻美妆小镇

一个月后，湖州东吴香精有限公司正式注册成立，陈民之子陈晟出任法定代表人，充分体现了陈民对这个项目的高度重视。湖州东吴香精有限公司成立后，始终坚持资源综合利用与绿色循环经济两大理念，引进了香精香料行业专业人才团队和国际领先的设备，采用世界一流的生产工艺，打造出一座行业领先的智能工厂。企业还通过了DNV的FSSC22000认证，多款产品获得ARA HALAL认证，多项发明获得国家发明专利，被评为浙江省科技型中小企业。

湖州东吴香精有限公司是首家入驻中国美妆小镇的日化香精公司，填补了美妆小镇产业集群中化妆品原材料企业的空白，完善了美妆小镇打造以化妆品生产为主导的全产业链。2018年、2020年获得中国化妆品供应链企业100强，2019年获得中国日化百强、中国香精香料化妆品行业优秀企业等荣誉。

东吴香精在美妆小镇的厂房

在侯军呈的影响下，作为行业内颇具影响力的企业人物的陈民不但入驻美妆小镇，还积极参与小镇的建设，他用现身说法的方式帮助美妆小镇招商引资。2020年，中国美妆小镇成立了美妆健康协会，陈民被推选为副会长兼秘书长。如今，在陈民的努力下，多家与东吴香精有限公司关系密切的企业也来到了美妆小镇投资建厂。

陈民曾不止一次地说，是侯军呈对企业国际化的重视和中国美妆小镇的优美环境吸引了他前来发展事业。

梧高凤必至，花香蝶自来。正是侯军呈满怀激情和梦想在埭溪栽下的一片"梧桐树"，吸引了一家又一家知名公司前来落户。

十五、首尔美妆先锋奖

为了中国美妆小镇的招商和建设工作，侯军呈几乎到了废寝忘食的程度，他走到哪里就把中国美妆小镇宣传到哪里，同时还经常争取各方力量的支持。

2016年4月28日，"首尔国际化妆品与美容行业博览会"在韩国首都首尔国际会展中心开幕。该博览会自1987年创办以来，已成长为全球最大和最具影响力的专业美容和健康产业活动之一。这次博览会吸引了约500家国内外参展商，达到了近千个展位的规模。

面对如此规格的行业盛会，侯军呈自然非常上心。为了能在此次博览会上全方位推广中国美妆小镇的招商工作，并借机与韩国行业内资源有效对接，侯军呈专门动员湖州市副市长董立新、吴兴区区长吴智勇和埭溪镇长戚斌斌三级政府领导与中国美妆小镇招商团队一起前往韩国首尔。他们将在那里广发"英雄帖"，寻觅美妆企业"千里马"，为引入新项目做足准备工作。

那天上午，韩国首尔国际会展中心镁光灯频频闪烁。在中国香精香料化妆品工业协会和大韩化妆品协会的大力支持下，中国美妆小镇招商团队在博览会上举行了韩国招商专场发布会。活动现场，中国香料香精化妆品工业协会理事长陈少军和大韩化妆品协会专务理事李明揆分别致辞,吴兴区区长吴智勇对中国美妆小镇进行了推介,吴智勇、戚斌斌、侯军呈等人分别介绍了中国美妆小镇的独特优势并耐心地回答了大家的提问。

韩国招商专场发布会

陈少军介绍说,中国美妆小镇区位优势独特、规划定位高远、要素支撑有力、扶持政策优惠,作为产业集群带将对中国化妆品产业升级发挥极大的推动作用。

"中国的化妆品市场蓬勃发展,吴兴的美妆小镇这一平台能为韩国化妆品企业提供更多的发展机会。"李明揆表示,希望借此机会加强中韩两国化妆品企业的交流与合作。

侯军呈满怀豪情地说:"我们这次在韩国做推介,是想让全球更多的人知道中国的这个新平台,告诉全球美妆产业的伙伴们,我们正在努力实现美妆产业的'中国梦'。"

值得一提的是,不少韩国美妆企业此前就看好中国美妆小镇。2015年,第一个落户中国美妆小镇的外资项目就是韩国第三大化妆品研发企业——韩佛化妆品株式会社。韩佛化妆品株式会社副社长李大烈在现场详细讲述了企业入驻小镇的过程，并将小镇的优势一一道来。他说："此前，我们也访问了中国许多地方，但最终决定在埭溪兴建工厂，我们看中的是这里对化妆品产业发展的全新定位和高效的项目服务。"李大烈的话为中国美妆小镇在韩国做了一次漂亮的本土化"代言"。

中国美妆小镇究竟有何魅力呢？

埭溪镇长戚斌斌在推介会上解开了答案：中国美妆小镇创新打造的"全产业链"概念，为这一国际时尚产业在未来的发展创造了更多"造梦空间"。

小镇故事多，模式开先河。根据规划，中国美妆小镇将打造以化妆品生产为主导的"全产业链"，生产、科研、包材、检测、旅游等有关美妆产业链上的各个节点的潜力都可以在这里得到尽情展现。这种产业集群的模式开创了国内外美妆行业发展的先河，中国美妆小镇也凭借此项创新之举荣获了"2016首尔美妆先锋"奖，成为六家获奖单位中唯一一座园区平台类单位。

首尔美妆先锋奖授牌仪式

据悉,"2016首尔美妆先锋"奖由化妆品报社与韩国权威媒体——韩国周刊新闻CMN联合颁发,旨在奖励代表化妆品产业发展潮流的创新型企业。博览会期间,化妆品报社社长杜宏俊、韩国周刊新闻CMN会长赵炳浩和大韩化妆品协会常务张俊基在现场参加了授牌仪式。他们在颁奖时这样介绍中国美妆小镇:"从2015年8月1日美妆小镇的梦想被清晰勾勒,到2016年3月28日美妆小镇首批重点项目正式开工,美妆小镇成了'速度'的代名词;从坐落于浙江湖州埭溪镇,到放眼全球化妆品产业高地,美妆小镇成了'格局'的代名词;从美妆小镇总顾问侯军呈为代表的一批行业人士热心参与,到国内外诸多化妆品企业的纷纷入驻,美妆小镇成了'梦想'的代名词。"

在颁奖会现场,侯军呈成为这个奖项中唯一被提及的个人,成为举世公认的美妆行业先锋英雄。

十六、"代省长为美妆小镇代言"

2016年7月4日,浙江省十二届人大常委会第三十次会议决定接受李强辞去浙江省省长职务,任命车俊为浙江省副省长,代理浙江省省长。车俊从天山脚下来到江南大地,对浙商充满了关爱和希望。他曾殷切寄语浙商要按照习近平总书记"秉持浙江精神,干在实处、走在前列、勇立潮头"的新要求,树立新的全局观、资源观、生态观,勇当中国经济乃至世界经济的"弄潮儿"。

车俊说,浙商是当今中国最著名、最活跃的企业家群体,也是浙江最珍贵、最有潜力的战略资源。浙商要树立新的全局观,就是要有更开阔的视野和更高的价值追求。浙商要有做百年企业的梦想,立志成为载入商业文明史册的企业家。浙商要与中国的发展同呼吸、共命运,主动参与"一带一路"等国家战略的实施,保持产业报国、创新强国的雄心壮志,做新常态下中国经济发展的引领者,还要勇敢地配置全球资源,大胆创造新科技、新模式、新业态、新商业规则，用中国智慧造福全人类。

侯军呈听到代省长车俊这番讲话后心情特别激动，感觉这就是对他参与建设中国美妆小镇的特别鼓励。

车俊还强调，树立新的资源观，就是要重新审视经济发展的动力来源和自身的比较优势。当前，全球已步入"互联网+"时代、大数据时代和智能科技时代，人才、科技、智力、知识甚至信息、数据都是新的资源。广大浙商需要在科技创新的浪潮中抢夺创新人才、催生领先科技、打造创新平台、形成新的发展动力。树立新的生态观，就是要对企业发展环境有重新认知。当下的竞争是生态系统的竞争，哪里的创业创新生态系统更好，哪里就更有竞争力。

侯军呈听后常常对朋友讲，车俊省长这些讲话是在帮助中国美妆小镇说话啊。

2016年9月10日和11日，举世瞩目的G20杭州峰会刚刚结束，浙江省委副书记、代省长车俊就来到湖州调研。他向当地干部群众传达了习总书记的亲切关怀，慰问峰会服务保障人员。

车俊代省长视察美妆小镇

9月11日下午，车俊代省长在湖州市、吴兴区领导以及中国美妆小镇相关负责人陪同下，兴致盎然地考察了正在建设中的中国美妆小镇，参观了中国美妆小镇内的民族化妆品龙头企业之一——珀莱雅化妆品股份有限公司的生产基地。

车俊对中国美妆小镇建设给予高度评价。他认为打造中国美妆小镇，建设生态全产业链发展平台，对于推动民族品牌及整个化妆品行业的发展具有重要意义。

参观结束后，车俊兴致勃勃地说："我今天看了一圈，美妆小镇已经初具规模，接下来能够把真正配套的产业链做起来，不断完善下去，前景无限美好。中国人很爱美，有很强的护肤需求。你们要做的事情就是把这块做好、做强。以后消费者若问起买化妆品上哪儿，美容上哪儿？就请他们到美妆小镇来！"

这一天，侯军呈正在国外忙于招商事务，但他仍在第一时间获悉了代省长车俊在埭溪的话，"以后大家买化妆品，请到中国美妆小镇来"。侯军呈对身边的工作人员说，这是代省长在为中国美妆小镇"代言"，我们决不能辜负代省长的期望啊。

中国美妆小镇建设项目启动一年来，浙江省委、省人大、省政府主要领导先后莅临考察指导。侯军呈常常说，这是党委、政府给他和中国美妆小镇最大的嘉奖和鼓励。他常常以此鞭策自己更加努力工作。

十七、双喜临门

2016年9月29日，"中国吴兴经贸科技洽谈会"隆重开幕。这是吴兴区委区政府为了充分展示当地新面貌、新成就，更好地推进资本、产业、技术、人才等各类要素的交流与融合而举行的一次盛会。商务部全球采购中心主任许京、中国香精香料化妆品协会理事长陈少军、湖州市委书记裘东耀、湖州市副市长李建平和吴兴区领导蔡旭昶、吴智勇等人参加了洽谈会。

湖州市委书记谈到，吴兴区是长三角地区一方难得的投资热土，近年来一大批国内外客商在吴兴投资创业，推动了经济社会快速发展。吴兴区不辜负企业家们的厚望，始终秉承"共商、共赢、共兴、共荣"的合作理念，积极践行"亲、清"政商关系，主动当好"店小二"，着力营造亲商、安商、富商的发展环境，吸引更多的企业项目、高新技术、优秀人才落户。

侯军呈在会上听到裘东耀书记这番讲话时，感到心里热乎乎的。他对此有着切身体会，正是得益于当地党委和政府的支持，他这个"招商部长"才能带动更多的商界朋友来中国美妆小镇投资兴业，共创美好明天。

这次洽谈会给中国美妆小镇带来了两个喜讯：一是在当天下午的重大项目签约仪式上有五个大项目签约入驻，二是荣获了两个国家级奖项。

签约的五大项目当中，不仅有化妆品企业，还有大健康医疗美容养生项目，这些高科技与传统文化融合、和谐生态与时尚产业并重的项目，是中国美妆小镇近期精准招商的成果。

中国美妆小镇项目启动一年多来，无论是规划建设还是品牌招商都取得了显著的成绩，赢得了各方面的肯定，并在化妆品行业引发了强烈的反响。自从中国美妆小镇成功入选"浙江省十大示范特色小镇"后，其做法还被浙江省经信委作为招商引资成功案例在全省范围推广。为此，中国香料香精化妆品工业协会、全国工商联美容化妆品商会在这次洽谈会暨重大项目签约仪式上，分别授予美妆小镇"美妆创新贡献奖""中华美业特殊贡献奖"，这是给予中国美妆小镇的充分肯定和特别奖励。

9月30日，作为吴兴经贸洽谈会的重要组成环节之一的"第二届中国化妆品行业领袖峰会"召开。中国香料香精、化妆品、时尚界、洗涤用品等领域的多位行业领军人物、资深专家参会，并以"振兴民族品牌之路"为主题进行专题研讨，共同为中国化妆品产业的大发展集思广益，为美妆小镇的发展积极建言献策。

第二届化妆品行业领袖峰会

侯军呈和上海国际时尚联合会会长葛文耀在会上分别进行了激情演讲，展现了对民族品牌发展的强烈责任心和高度使命感；全国工商联美容化妆品业商会专家委员会主任、智库首席专家杨志刚详细阐述了民族品牌发展的前世今生和未来的发展趋势。与会行业领袖们以"大趋势、大使命、大格局"为主题，围绕振兴民族化妆品之路达成四点共识：

1. 在世界化妆品行业迅猛发展的今天，面临蓬勃发展又瞬息万变的中国化妆品市场，振兴民族品牌是行业领袖肩负的使命，也是行业发展大势的呼唤。

2. 协助构建各类创新型产业平台，全面提升中国化妆品产业发展水平，造福中外消费者，为全世界有梦想的化妆品企业提供发展平台，是化妆品界同仁特别是各级协会、商会和其他管理、服务性机构的神圣义务。

3. 应当大力推崇和弘扬工匠精神，加大科技研发力度，切实掌握核心竞争力，引领化妆品行业从"中国制造"走向"中国智造"。

4. 国内化妆品界应当抱团合作，始终坚持对民族品牌的认同和扶持，努力培植和助推优秀民族品牌，注重化妆品品牌的打造和维护，让中国化妆品早日屹立在世界之林，实现化妆品行业的"中国梦"。

这是一种行业的共识，也是一种中国力量的宣言。

起初，召开化妆品行业领袖峰会的创意来自侯军呈的一个朴素的想法：为了加快引进国内外知名化妆品企业，把海内外化妆品行业领袖请到中国美妆小镇来看看，通过实地考察吸引他们来中国美妆小镇投资兴业。如今，这个峰会已经成为中国美妆小镇的一个标志性品牌活动。

十八、从意大利到埭溪

2016年11月24日，中国美妆小镇管委会洋溢着欢乐的气氛，工作人员们既忙碌又兴奋。这一天，意大利著名化妆品品牌Viridis入驻中国美妆小镇签约仪式举行了，区委常委、宣传部长、美妆小镇管委会主任茅利荣，美妆小镇总顾问侯军呈，埭溪镇党委书记朱建忠，镇长戚斌斌等参加签约仪式。值得一提的是，这是中国美妆小镇引进的第一个欧洲化妆品品牌。

Viridis 有着悠久的历史，其前身是 19 世纪 60 年代意大利草药世家蒙塔纳家族创立的草药店。2000 年，蒙塔纳家族在意大利佛罗伦萨注册成立了 Viridis 化妆品品牌，推出了一系列护肤品和香氛系列产品，受到欧洲消费者的热烈追捧。2014 年，佛罗伦萨股权 AROMA 有限责任公司收购了 Viridis 品牌，并为其建立了当时最先进的全系列生产线。2016 年，Viridis 化妆品正式进入中国市场，其第一站就选在了中国美妆小镇。Viridis 意方 CEO 米克·巴菲尼充满信心地对合作伙伴们表示："我们希望在五年内将 Viridis 发展成为中国进口化妆品中的领导品牌，让中国的客户感受到这份来自意大利蒙塔纳里家族的美好祝福。"

签约仪式这一天，中国美妆小镇招商团队成员们是怀着兴奋和敬佩的心情度过的。这是因为 Viridis 不仅是第一家入驻小镇的欧洲化妆品品牌，而且其投资人赵颖是著名意大利华侨，和侯军呈同是温州老乡。正是在侯军呈的牵线搭桥和不懈努力下才促成了这个项目的落地。招商团队成员们亲眼看到了侯军呈为促成这个项目而付出的努力，十分敬佩他忘我的工作热情和极高的人格魅力。

赵颖的人生经历颇具传奇色彩，她还是央视热播的《温州一家人》女主角阿雨的原型之一。赵颖 16 岁时就跟随姨妈去意大利打工，19 岁开始创业，22 岁进入时尚服装业。她经过多年打拼取得了不菲的成就，旗下拥有多家公司，其中就有意大利佛罗伦萨股权 AROMA 有限责任公司。电视连续剧《温州一家人》在意大利的摄制外景就是她居住的佛罗伦萨附近的帕拉图小镇，电视剧中的一些工厂场景就是在她的企业中拍摄的。拍摄期间，她和当地的温州侨胞给予了热情的支持，帮助照顾小演员，并给摄制团队讲述在国外创业的种种经历和感受。女主角阿雨的故事中就有赵颖的创业身影。中国美妆小镇招商团队意识到，他们不仅招到了一家欧洲知名企业，还招到了一个创业榜样，一个有着迷人故事的世界化妆品品牌。

面对当地政府和招商团队的一片热情，赵颖分外感动。她知道自己从意大利到埭溪的人生路程的转变是在侯军呈的影响下完成的，从某种意义上说，自己回国到埭溪创业就是来投奔侯军呈的。

赵颖和侯军呈的结识缘起于 2014 年在杭州举行的全球公羊会年会。全球公羊会成立于 2003 年，是一个具有独立法人资格的民间公益社团组织。它拥有正式注册登记会员 6600 多名，会员遍布海内外多个国家和地区。侯军呈是全球公羊会 8 名副主席之一。

自成立以来，公羊会一直坚持"独立运作，自主创会"的方针，围绕"智趣人生，公益帮扶"的宗旨，在海内外积极开展赈灾救援、助老、助残、助学济困等社会救助公益服务活动，公益足迹遍及中国大江南北和海外国家，为构建和谐社会做出了积极的贡献，受到各级党委、政府的肯定。

公羊会的目标是秉"公"益之心，行"羊"之善，"会"天下益士。因此，公羊会每年年会都有一个传统项目——公益慈善拍卖。会员们把自己的收藏品送给公羊会，将慈善拍卖所得捐给公羊会用于公益事业。那一天，正在杭州度假的赵颖和弟弟赵坚应邀参加 2014 年度公羊会年会。在慈善拍卖环节，她们看上了一个名为"三阳开泰"的青田石雕。石雕的底价是 10 万元，她们有意用 50 万元拍下来为公羊会的公益事业做一点贡献。

拍卖开始时，拍卖师刚刚报出底价 10 万元，赵颖还来不及加价就听见不远处一个洪亮的声音喊出 30 万元价格。当她想加价到 40 万元时，那个洪亮的声音已喊到了 60 万元，然后是 80 万、100 万、120 万，不断迅速加价，最后以 150 万元成交。赵颖情不自禁地问旁边的人："这个人是谁呢？"邻座笑着告诉她："他是珀莱雅化妆品董事长侯军呈。"

赵颖早就听说过侯军呈的名字和事迹，但想不到是在这样的场合以这样的方式见到他了。于是，她和弟弟主动走过去向侯军呈表示敬意。

后来，在侯军呈的影响下，赵颖成为意大利公羊会副会长，她弟弟赵坚则担任法国公羊会会长。赵颖姐弟和侯军呈的交往日益增多，侯军呈到欧洲出差时常常联系她们，她们回国做生意碰到困难时也常找侯军呈帮忙。哪怕是周边朋友的事，赵颖姐弟也喜欢找侯军呈出谋划策。侯军呈待人热情，只要朋友开口求助，他无论大小事情都非常乐意帮忙。一来二去，大家建立起了牢固的相互信任关系。

侯军呈参与中国美妆小镇建设后，经常到欧洲开展招商工作，赵颖姐弟也常常抽出时间专门陪同。听了侯军呈的介绍，赵颖不但对中国美妆小镇充满向往，而且萌发了回国投资发展的想法。于是，就有了这场充满喜庆的签约仪式。

在国人的心中，意大利是一个追求生活品质的艺术国度，意大利人的血液里流淌着对艺术和品质的追求。本着"萃自然之本"的宗旨，秉承精诚所至、金石为开的态度，赵颖立志把意大利 Viridis 纯天然化妆品品牌带到中国，为国内客户创造从感官到心灵的愉悦体验。通过签约入驻中国美妆小镇，Viridis 化妆品将在研发、人才、服务配套等各方面获得更多的优质资源，同时这也标志着中国美妆小镇向着国际化发展跨出了新的一步。

11 月 25 日，Viridis 化妆品品牌在美丽的西子湖畔举行了首场盛大的发布会，发布会同时开设线下和线上两个会场。在发布会上，Viridis 品牌正式宣告将入驻中国美妆小镇，进军中国市场。侯军呈和浙江卫视知名主持人罗希、全球公羊会创始人何军、杭州化妆品协会秘书长傅狄忠、吴兴区政协主席兼中国美妆小镇管委会主任潘华、埭溪镇党委书记兼中国美妆小镇管委会常务副主任朱建忠、埭溪镇镇长兼中国美妆小镇管委会副主任戚斌斌等人与数十万中国网友一起，共同见证了这一里程碑时刻。

这是侯军呈为中国美妆小镇编写的又一个美丽的故事。他在发布会上对 Viridis 化妆品表达了最美好的祝福："十分欢迎首个欧洲企业入驻中国美妆小镇，在中国美妆小镇筑梦。祝福 Viridis 化妆品在中国能迅速成长壮大！"

第三章

以马为梦

十九、"空中飞人"

天行健，君子以自强不息；地势坤，君子以厚德载物。历史上，那些有着博大胸襟的人，往往更愿意为公众的事业而不断奋进，赢得众人的尊敬。

2006年，珀莱雅落户埭溪之后，侯军呈与吴兴区的地方领导由合作而结缘，进而相识、相知，建立起深厚的工作情谊。现任湖州市吴兴区委常委、宣传部长朱建忠就是其中之一。朱建忠曾任埭溪镇党委书记，是最早参与中国美妆小镇建设的决策者之一，他经常和侯军呈一起外出为中国美妆小镇招商引资，接待来访客商。每次提及侯军呈，他对这位朴素而热忱的企业家总是充满欣赏和敬佩之情，说他是"空中飞人"。朱建忠说："这些年，侯军呈一年365天，有一大半时间是在空中飞来飞去，满世界跑，为中国美妆小镇招商引资。"

侯军呈也常常对人说，前些年为了中国美妆小镇的发展，一年有将近三分之二的时间在国外招商，每年要在法国待上两三个月时间。侯军呈知道，要实现梦想，只能迎着晨光实干，而不是面对晚霞幻想。自己虽然有一定的创业经验，但要把中国美妆小镇做大做强，需要拿出当初创业的拼劲才行。

在朱建忠的记忆中，侯军呈的确是一个"拼命三郎"。为了得到外国同行和客户的支持，为中国美妆小镇赢得更多的合作伙伴，他曾无数次奔赴世界各地，向同行们描绘美妆小镇的宏伟蓝图，详细讲解具体政策措施。为了见一个客户，侯军呈曾连续坐了20多个小时的飞机和十几个小时的汽车，连坐下来好好吃顿饭的时间都挤不出来；为了与客户签约，他曾在一天之内穿行两个国家，与四家客商洽谈。

在奔赴各地招商工作中，侯军呈是团队的领队、主心骨，只要工作需要，他还可以化身为普通搬运工、项目讲解员，身上从来没有老板的"架子"。

侯军呈与朱建忠、茅利荣法国考察途中吃简餐

朱建忠谈起 2015 年 10 月第一次和侯军呈去法国参加 Cosmetic 360 展会的情景，情绪有点激动。他说，那是中国美妆小镇第一次去欧洲招商，为了节省费用，出发之前，招商团队在国内将参展所需的招商传单等材料准备齐全，装入纸箱带到法国。

飞机到达法国后，侯军呈二话没说，撸起袖子就和大家一起搬运纸箱。朱建忠说："他本来就有腰伤，但干起活来一点儿也不惜力。等东西都搬好后，他才气喘吁吁地坐在一个纸箱上，点上一根香烟解乏。看到这样的场景，谁能想象到他是一家即将上市的公司的董事长呢！"

锲而不舍，金石可镂。侯军呈和招商团队正是凭借着这种坚忍不拔之志，攻克了招商路上的一个个难关。

为了中国美妆小镇，朱建忠经常和侯军呈在一起工作，对其中的艰辛深有体会。他回忆说："那两年，我们每年都要去韩国三四趟，中国美妆小镇能成功与一些韩企特别是韩佛等知名化妆品企业签约，侯军呈功不可没。"

第三章 以马为梦

2015年法国考察行

第一家入驻美妆小镇的韩国企业——韩佛

侯军呈与韩佛的董事长是旧相识。为了说服对方入驻中国美妆小镇，侯军呈反复向对方讲解中国广阔的市场前景、中国美妆小镇得天独厚的自然条件和地方政府的配套支持政策，用自己的诚意打消了对方的顾虑，为中国美妆小镇赢得了第一个具有世界影响力的知名品牌企业。

侯军呈对中国美妆小镇的工作热情和投入程度，往往令吴兴区、美妆小镇管委会的领导感动不已。在建设中国美妆小镇之前，虽然自己公司的生产基地设在埭溪，侯军呈每年只到埭溪不过三五次，自从中国美妆小镇项目启动后，他隔三岔五就往埭溪跑。

"他经常和我们一起了解美妆小镇的建设进度，和我们一起吃盒饭、开会，为中国美妆小镇的发展出钱出力。他把绝大部分精力都放在中国美妆小镇上，因为他希望中国美妆小镇成为一个国际化的平台，这是他的期盼。这种热情和付出让我非常感动。"朱建忠说。

在朱建忠的印象里，侯军呈为中国美妆小镇工作时的拼劲儿丝毫不输给年轻人。但凡有一丁点儿希望，他都不会轻言放弃。

2016年春，国际知名化妆品品牌欧莱雅的一位副总来到苏州，要求拜访侯军呈。侯军呈以为对方有意到中国美妆小镇投资，考虑到第二天另有安排，不顾时间已晚，连夜拉着朱建忠赶到苏州与对方见面。他心里想，欧莱雅是全球知名的化妆品品牌，倘若能入驻中国美妆小镇，其带来的示范性影响是巨大的。

双方见面后，侯军呈才明白，对方是来学习取经的，他们发现珀莱雅化妆品的销售做得特别好，专程上门请教。尽管如此，侯军呈还是耐心地给他讲述珀莱雅的营销之道。在他看来，即使只有一丝合作的希望也要珍惜，今天的接触和印象，说不定可以带来今后双方的合作。

侯军呈为中国美妆小镇的付出，还有很多很多故事。

自从中国美妆小镇动工以来，侯军呈每次为前来视察的领导介绍情况时，就会趁机讲出小镇建设中的需求和困难，以争取更多的支持。

"他总能把美妆小镇的需求讲述得十分到位，为我们争取更多的资源和政策优惠。"朱建忠说，"俗话说，细节见本质，和侯军呈交往的这几年，我总能从这些细节中发现他的良好品质。"

侯军呈和珀莱雅就是中国美妆小镇的标杆，具有强大的榜样力量，许多新落户企业就是冲着他来的。在中国美妆小镇的新落户企业，都享受一定的优惠政策。在很多人的眼中，整日为中国美妆小镇奔走的侯军呈，为珀莱雅争取一些优惠待遇是再正常不过的事情了。但珀莱雅作为提前落户的企业，并没有享受到中国美妆小镇的这些优惠。侯军呈也从未向管委会申请过任何优惠待遇。他如此豁达的心胸，让中国美妆小镇管委会上下都十分钦佩。

一些同行不明白，珀莱雅既然没有优惠可以享受，新招企业又容易成为竞争对手，挖走珀莱雅的人才，侯军呈为什么还这么卖力？侯军呈的答案是：国家兴则行业兴，行业兴则企业兴。只有把中国化妆品行业做强做大，珀莱雅企业才有更加兴旺发达的机会。

这就是侯军呈追逐的梦想，一个"空中飞人"的追求。"如果没有侯军呈，我们中国美妆小镇的开发建设肯定没有这样顺利。"尽管离开埭溪有四五年了，朱建忠谈及侯军呈和中国美妆小镇时仍感慨道。

二十、上《人民日报》

2017年2月5日，农历正月初九，是春节假期后正式上班的第三天。这一天的《人民日报》发表了一篇题为《这里多了条新"干"流》的报道，介绍了侯军呈和中国美妆小镇的一些做法。报道中写道：

美妆小镇，想干什么？

湖州吴兴，南太湖畔，一座美妆小镇慢慢实现着国产化妆品牌的大梦想。

"全新的化妆品全产业链正在建设，欢迎参与！"2016年10月13日，时尚之都法国巴黎，美妆小镇总顾问侯军呈在化妆品展览上代言。

一年前，他就在这里介绍过美妆小镇要"干什么"。

美妆小镇的"全新"体现在集产业、文化、旅游三位一体。"引入国内外知名化妆品企业，形成美妆产业集聚中心；用文化、休闲元素吸引人气，打造美妆文化体验中心；汇聚全球香料产品，打造国际时尚美妆博览中心。"侯军呈说。

"决定在这里建厂，就是看中全产业链的发展方式。"韩国第三大化妆品企业韩佛中国区负责人金南日表示。如今，美妆小镇以化妆品企业为龙头，楚成包装、创赢包材和娇兰佳人等贸易公司为配套，陆续进入产业服务区等空间。

是什么让吴兴与时尚产业走到一起？"消费者将大把钞票花在出境扫货或海淘上，化妆品最常见。"侯军呈认为，这类时尚产品消费需求大，但国内缺乏有效供给。10年前，吴兴营建起一个花园式化妆品生产基地，领衔者正是侯军呈。

……

在洋溢着传统节日欢声笑语的日子里，《人民日报》的报道让全国读者和化妆品界同仁都看到了侯军呈和中国美妆小镇的努力付出和美好未来，对为中国美妆小镇而忙碌的人们来说，这无疑是一份珍贵的新春贺礼。

中国美妆小镇项目启动以来，侯军呈在各级领导的信任和大力支持下，以饱满的工作热情为中国美妆小镇的发展贡献自己的力量。他不但帮助埭溪镇确定了"干什么"，即以中国美妆为核心的发展方向；还解决了"怎么干"，针对如何做好美妆产业提出了很多创新性建议，并为之积极奔走。如今，看到国家级权威媒体在新年之际对他和中国美妆小镇的报道和肯定，心中充满幸福感。他清楚，这是媒体界对他的肯定，也是政府对他付出的认可。其实这种认可和肯定，早在一年多前就有了。

2016年2月19日，人民日报、新华社、光明日报、经济日报、中央人民广播电台等组成的中央媒体团曾来到浙江吴兴，聚焦中国美妆小镇。

第三章 以马为梦

中央媒体采访团到访美妆小镇

为了更好地了解中国美妆小镇，中央媒体团集中在会议室听取了中国美妆小镇建设相关情况，对中国美妆小镇以美为特色、以保护青山绿水和保证乡村土地集约使用为前提、以取得全球化妆品产业的战略制高点为核心建设目标表示高度赞赏。他们到中国美妆小镇建设现场参观了热火朝天的建筑工地，接着考察了中国美妆小镇龙头企业——珀莱雅公司，肯定其行业带头作用，将引领化妆品行业迈向新的高度。大家相信中国美妆小镇必将深刻影响中国乃至世界化妆品行业的发展，推动中国化妆品行业的崛起。

据介绍，此次中央媒体团到访，是对浙江省特色小镇的典型做专题采访并向全国推广。3月23日，中央电视台《焦点访谈》栏目播出相关报道，专门介绍了侯军呈和中国美妆小镇，称其"在适应和引领新常态中做出新作为"，不断推进产业集聚、产业创新和产业升级，中国美妆小镇将为中国化妆品产业开启一个无限广阔的光辉前程。

2017年9月19日，新华社刊发了对侯军呈的新闻专访——《打造"东方格拉斯"——中国美妆小镇管委会总顾问的行业梦》，再次通过权威媒体向世人展示侯军呈为了国产化妆品产业崛起而甘愿做"店小二"胸怀和心路历程。文章写道：

> 我无非是基于一个梦想。现在讲中国梦，我们有我们的行业梦，如果每个行业都发展壮大了，我们中国就强大了。杭州化妆品行业协会和三四十个行业带头人共同组成了一个公司，我们要打造一个国际化的像法国的格拉斯、普罗旺斯、化妆品谷一样的平台，一个行业内的全球知名平台。
>
> 中国香精香料化妆品工业协会给了杭州市一块牌子，叫中国化妆品产业基地。我们也想为我们的行业建一个平台，提供更好的服务，所以我们和湖州各级政府一起建设这个美妆小镇。
>
> 浙江省打造七大万亿级产业，其中包括时尚产业，化妆品属于时尚产业。化妆品应该是中国未来一个高速发展的产业，因为它是低能耗、低污染、高附加值的产业。
>
> ……

这一年中，除了《人民日报》和新华社外，《中华工商时报》《浙江日报》《化妆品报》、韩国《美丽晨报》、法国《化妆品报》以及法国华人卫视、韩国富体美丽杂志社等海内外媒体也纷纷报道侯军呈和中国美妆小镇的成就。

无论是面对记者的采访，还是面对中国美妆小镇招商引资的目标企业，侯军呈都真诚地说："我们只有用包容的心态共同发展，才能实现更多的合作共赢，行业才能更快地升级换代。"

心底无私天地宽。正是有了心怀行业、情系家乡的朴素情怀和脚踏实地的行动力，侯军呈才取得了如此骄人的成就，为中国美妆小镇引来国内外诸多知名媒体的持续关注和报道，提升了中国美妆小镇在国际同行中的品牌知名度。

上下合心，其利断金。时间犹如白驹过隙，侯军呈总是希望能利用有限的时间做出更多有意义的事情，希望为中国美妆小镇引进更多的世界知名美妆企业，推进中国美妆行业的发展。

二十一、引进"国家队"

新年伊始，中国美妆小镇可谓喜事连连，也迎来了它征程中的一个新篇章。

2017年2月25日，中国美妆小镇迎来了吉祥鸡年开门红。这一天，湖州市城市投资集团和吴兴区埭溪镇政府、化妆品产业（湖州）投资有限公司正式签署投资20亿元建设中国美妆小镇配套建设项目，强力助推中国美妆小镇产、城、人、文综合功能配套建设。这是美妆小镇成立以来首次获得地方国有投资集团的大力度支持。

据介绍，湖州市城市投资集团成立于1993年2月，是湖州影响力最大的国有投资公司之一，也是湖州城市建设资金调度管理、基础设施建设开发和运营管理的重要力量。湖州城投曾参与过湖州中心城区的改造、自来水管道和污水管道的安装及维修等地方重大民生工程。他们的投资参与，彰显了湖州市政府对中国美妆小镇建设的坚定信心，同时也证明了中国美妆小镇的强势推进已深入人心，加快中国美妆小镇建设势在必行。

这是鸡年正月的最后一天，也是一个难得的周末休息日。这一天，侯军呈和湖州市城市投资集团董事长周建新、总经理王建民，吴兴区委书记吴智勇、吴兴区人大党组副书记兼副主任茅利荣、吴兴区副区长兼埭溪镇党委书记朱建忠、埭溪镇镇长戚斌斌等领导一同参加签约仪式。谈起湖州城投的投资参与，侯军呈实在不敢想象自己的这份努力和梦想，能和大家一起引来这么强大的"国家队"参与。其间故事，可以说是一种主观的努力，也是一种客观的选择。

从美丽事业到共同富裕

城投集团签约仪式

中国美妆小镇项目启动以来，就引起了湖州社会各界的广泛关注。两年来，参与中国美妆小镇建设的决策者、建设者经常通过微信朋友圈发布项目建设和招商进展情况，介绍侯军呈等参与者的工作，其中侯军呈的事迹深深地打动了一个人，那就是湖州城投的董事长周建新。

周建新是一位富有魄力和投资眼光的企业领导者，作为土生土长的湖州人，他也无比热爱这片土地，十分乐意为家乡的发展贡献自己的才智。他出任湖州城投集团董事长后，曾带领集团公司连续展开了一系列大手笔助力地方建设的投资，积极推动地方经济发展。他从朋友戚斌斌等人的微信朋友圈里看到中国美妆小镇的建设发展，以及侯军呈等企业家的家国情怀和工作热情，并深受感动。

俗话说，英雄所见略同。周建新以投资家的战略眼光，也十分看好中国美妆小镇的前景。根据湖州市政府加快培育以美妆时尚、生命健康为重点的生物医药产业的战略部署，为加快推进中国美妆小镇的建设步伐，把

082

埭溪建设成全国化妆品特色产业基地，周建新多次召集集团相关人员和有关专家，对中国美妆小镇建设进展和发展前景进行考察论证，详细了解各种情况。经过和埭溪镇政府、化妆品产业（湖州）投资有限公司的多轮磋商，最后决定参与中国美妆小镇建设，由湖州城投投资10亿元建设包括美妆科创中心、美妆人才公寓等项目。

值得一提的是，以往中国美妆小镇招商团队是踏破铁门寻求企业前来入驻，而这次，湖州城投集团是主动寻找中国美妆小镇投资合作。这也是中国美妆小镇由小到大，由弱至强，从无人问津到引得凤凰主动飞来的生动体现。

2月25日签约之后，湖州城投集团如约启动投资项目的建设。周建新和侯军呈对项目的进展始终关怀在心，经常到建设现场了解情况，和中国美妆小镇管委会工作人员一同解决建设中遇到的问题。经过一年的紧张施工，美妆科创中心项目于2018年5月建成，成为美妆小镇的代表性建设项目。

美妆科创中心

2019年5月30日，浙江省级特色小镇考核复检小组专门赶赴埭溪考察美妆科创中心项目。考核小组一行详细查看了园区现场建设情况及招商进度，对美妆科创中心项目和入驻的国内外化妆品企业给予充分肯定。如今，已投入使用的美妆科创中心汇聚了来自世界各地的美妆人才，发挥着越来越强的产业凝聚作用，成为美妆小镇荣获"省级行业标杆小镇""全省十大示范特色小镇"等荣誉称号的有力臂助。

有道是"达者兼济天下"。看着中国美妆小镇一派欣欣向荣的景象，侯军呈和这些胸怀造福一方、兴盛一业，为中国美妆小镇付出无数心血的新时代创业者们一样，心中充满了幸福感和自豪感。

二十二、喜庆的日子

阳春布德泽，万物生光辉。

新春伊始，世间万象都孕育着新的希望。

2017年3月30日，中国美妆小镇热闹非凡、喜气洋洋。这一天，侯军呈和湖州市副市长董立新、吴兴区委书记吴智勇、吴兴区人大党组副书记兼副主任茅利荣以及入驻中国美妆小镇的企业代表们汇聚一堂，庆贺中国美妆小镇总投资约16.7亿元的七大项目共同开工。这是中国美妆小镇继一年前五个重点项目、十个基础设施工程开工之后的又一次集体开工的日子，标志着中国美妆小镇的建设步入了加速发展的快车道。

这是一个喜庆的日子，也是侯军呈内心充满幸福感和成就感的日子。他早早来到现场，和这些投资项目的负责人或代表相互招呼，满怀喜庆的心情共同为开工仪式剪彩、奠基。

这一天开工的七个重点项目分别是科创中心建设工程项目、化妆品博物馆项目、创兴包材项目、浙江卓妍化妆品建设项目、湖州御梵化妆品生产项目、衍宁化妆品包材项目、上美高端化妆品制造项目。按照规划，它们的建成投产，将为美妆小镇增添一份亮眼的色彩。

2017年重大项目开工仪式

　　侯军呈看着眼前的一切，心中涌动着难以平静的激动之情。为了这些项目能入驻中国美妆小镇并如约开工，他和招商团队为此付出了旁人难以体会的努力，其中每一个项目的落地过程都有一段段令人难以忘怀的经历。从最初的不被人理解到有企业半信半疑中尝试合作，再到如今各个美妆企业大手笔投资建设项目开工，这代表了他们对中国美妆小镇更深刻的了解和认同，也意味着他们对侯军呈的认可和肯定，真正理解他为美妆行业、为地方发展倾注的良苦用心。也正因为如此，中国美妆小镇的企业家、高管以及普通工作人员们都对侯军呈充满了钦佩之情。

　　这些项目在侯军呈眼中，就和自己的孩子一样宝贵可爱，也经常牵动着他的心。其中有一个项目与他特别有缘，时刻牵动着他的心，它就是中国美妆博物馆项目。

　　在中国美妆小镇规划初期，侯军呈就有一个建设世界一流的、能展示中国美妆文化的博物馆梦想。作为资深美妆专业人士，侯军呈知道，中国有深厚的美妆文化底蕴，也有颇具中医特色的美容知识宝库，更有无数凝聚着先人智慧的美妆历史文物，这些都是中国美妆行业崛起的文化自信和行业底气。同时，他也深知发掘传统文化和引进世界各国美妆文化对中国美妆小镇、对中国化妆品行业有着不可估量的推动力。

2016年1月，全国工商联美容化妆品业商会专家委员会主任杨志刚在中国美妆小镇发展战略研讨会上提出，在中国美妆小镇建设世界级的美妆博物馆非常重要。项目确定后，开工建设的事也就提上议事日程。但是，美妆博物馆属于公益性项目，遇到了建设资金困难的问题。

将中国美妆小镇视为自己第二个事业、第二个家的侯军呈对这一切看在眼里，记在心上。他向政府领导提议，由珀莱雅企业出资修建这个博物馆，建成后捐献给国家。他的赤诚之心感动了了解这一消息的所有人。但是，政府有关领导考虑到侯军呈已经为中国美妆小镇付出了很多，也捐助了很多资金，如果再由他全部出资建设博物馆于情于理都有些不合适，于是便婉拒了侯军呈的提议。

由珀莱雅企业捐建美妆博物馆的事情虽然过去了，但侯军呈在百忙中仍然时时关注着美妆博物馆项目，为其解决建设中遇到的问题。在中国美妆博物馆即将建成之际，侯军呈再一次主动提出捐助，他把自己刚刚从上市企业珀莱雅中拿到的1000万元个人分红，转手捐赠给吴兴区慈善总会，专款用于美妆博物馆的建设和装修。据报道，这是吴兴区慈善总会历史上接收到的最大的一笔个人捐款，大家纷纷竖起大拇指为他点赞。

据介绍，中国美妆小镇美妆博物馆项目占地约11亩，总投资12068万元。建筑面积约10000平方米。建成之后，它将成为全国乃至全球最大的化妆品主题博物馆。以后，美妆博物馆在展览展示的基础上将举办每年一届的美妆历史文化发展藏品展，并举办各种国际级文化节。未来，美妆博物馆还将与周边的科技孵化园、美妆文化园、科创中心等配套基础设施共同组成国际时尚博览中心。

2017年9月，在第三届化妆品行业领袖峰会上，组委会宣布：化妆品行业领袖峰会的永久会址将落户在中国美妆小镇的中国美妆博物馆。这是一个强强联手的决定，它将形成"1+1远远大于2"的整合效应，成为中国美妆小镇最知名的 IP 品牌。

捐赠仪式

侯军呈以真情换真心，以大格局引领大未来。侯军呈十分感谢在前行路上的伙伴，这些投资者的人生和企业的未来，都将与中国美妆小镇同呼吸共命运，同生共荣。

二十三、束毅峰的选择

2018 年 6 月 14 日，杭州兰茜化妆品有限公司正式签约入驻中国美妆小镇。时任吴兴区人大常委会党组副书记、副主任、美妆小镇管委会主任茅利荣，埭溪镇党委书记潘鸣，埭溪镇党委副书记、镇长陈勇杰，以及化妆品（湖州）产业投资发展有限公司相关负责人和杭州兰茜化妆品有限公司总经理束毅峰，副总经理李旭东、任磊等出席了签约仪式，显得十分隆重。

束毅峰参加签约仪式

兰茜化妆品湖州项目举行签约仪式

在签约仪式上，束毅峰总经理讲述了自己和中国美妆小镇总顾问侯军呈十几年的交往经历。他说，入驻中国美妆小镇是自己在侯军呈的影响下做出的决定，也是杭州兰茜化妆品有限公司在未来发展道路上迈出的重要一步，他希望在以后的时间里能借助中国美妆小镇这个优质平台，让企业业绩更上层楼。

束毅峰出生在一个化工世家，他出任总经理的杭州德高化工开发有限公司成立于2000年，专业从事日用化工、精细化工领域的新材料、新技术、新产品的生产及应用研究，是国内集科、工、贸一体的专业精细化工原料供应商。他从江南大学精细化工专业毕业后，在研究院从事一段研发工作后就下海进入这家企业从事经营管理工作。

2004年炎炎夏日的一天，束毅峰在杭州市西湖区古敦路上一幢沿街小楼的二楼第一次见到侯军呈，就被眼前这个穿戴整齐、一脸真诚又颇有男子汉气概的温州人"震"住了。在听完束毅峰的自我介绍以后，侯军呈爽快地说："只要你的原料正宗、价格便宜，我会一直和你合作的。至于钱，保证没有问题，量也会很快起来的。"

侯军呈从义乌来到杭州，为了扛起民族化妆品产业的旗帜，积极研发新产品，打造属于自己的化妆品品牌，他在原料端投入了大量的精力和财力，一直在寻找更优质的合作商。当长期从事化妆品原材料生产和供应的杭州德高化工开发有限公司总经理束毅峰听闻侯军呈的大名和魄力前往拜访时，侯军呈也对眼前这个年轻人留下良好的印象，有意与其合作，寻找合作发展的新商机，很痛快地表达了自己的态度。从此，两人走上了近20年的友好合作之路，结下了深厚的友谊。

2012年，束毅峰又成立了杭州兰茜化妆品有限公司，这是一家集化妆品OEM/ODM开发、生产、销售于一体的现代化企业，是致力于高端个性化天然护肤品研究的专业机构。公司以"订制个性、实现个性、完美个性"为出发点，树立了"技术领先、科学管理、全程可控、顾客满意"的质量方针，在市场开发、新产品推广、新技术研发、天然原料的应用和热忱服务于客户等方面，都建立严格的质量保证体系，在商贸交往中推崇精诚所至、信誉为上的理念，赢得行业内外客户的信赖和美誉，成为浙江省最早通过美标 GMPC、欧盟 ISO22716 国际质量管理体系双认证的化妆品企业之一。

杭州兰茜化妆品有限公司的工厂都是按照欧盟化妆品 GMP 标准设计和建造的，每年均通过英国 ITLS 专家考核，符合欧盟高端化妆品生产和灌装的技术要求，拥有全新 10 万级的护肤品生产车间、1 万级的质量检测中心及高端制造设备，引进业内最先进的日本美之贺真空乳化系统多套、全自动生产线 10 多条，年生产能力 3000 万支单品。厂房、人员、设施、材料及产品制造过程控制、工厂和人员卫生管理、质量管理体系均执行欧盟化妆品 GMP 的管理规范，保证了产品从研发生产到出厂销售的品质安全可靠。

此外，杭州兰茜化妆品有限公司还是国内为数极少的从原料研发开始的化妆品企业，多年来与浙大、华东理工、江南大学等国内知名高校深度合作，拥有卓越的技术团队，技术底蕴深厚，获得数十项国家发明专利。公司先后被评为"杭州市高新技术企业""浙江省科技型中小企业""国家高新技术企业""中国日化百强"，在原料生产应用方面有着得天独厚的前瞻优势。

2016 年夏日的一个午后，侯军呈和束毅峰相约在湖州市吴兴区埭溪镇 104 国道边的一个燃气站门口碰头。侯军呈匆匆赶到以后，搂着束毅峰的肩膀，很兴奋地指着后面的一大片山林和小村庄说："我们都和政府谈好了，我们将在这里建设中国美妆小镇，将诞生中国第一个化妆品产业的聚集地。以前我去法国，别人告诉我法国的格拉斯是世界香水之都，我当时就想，我回去也要打造一个中国的美妆小镇，打造东方的格拉斯。"

满脸自豪的侯军呈继续说到："我会以珀莱雅化妆品企业为龙头，和当地政府共同打造以美妆产业为主业的特色小镇创新平台，除了实现全产业链发展以外，还会努力打造以化妆品产业为核心，融文化、旅游、社区服务等功能于一体的化妆品特色小镇。你快过来吧。"

第三章 以马为梦

当时束毅峰正有意扩大公司的化妆品 OEM/ODM 加工厂，侯军呈短短十几分钟的话语就触动了他的内心，十几年的合作和交情，他对侯军呈十分信任。但面对偏僻落后的山乡，束毅峰还是有一丝犹豫，这地方能行吗？他一边答应着开始规划，一边在暗地里观察美妆小镇的建设发展。

一年过去了，中国美妆小镇建设按照规划奇迹般推进，束毅峰最终决定在中国美妆小镇设立一个全新的一体化创新的化妆品 OEM/ODM 工厂。

束毅峰回忆说，自己选择入驻中国美妆小镇，除了受侯军呈的影响，还有一个重要原因就是看中了中国美妆小镇优秀的全产业链平台模式，园区内所有企业都是经过严格筛选的。此外，还经常听到园内企业夸赞美妆小镇的"售后服务"，美妆小镇管委会全力支持企业发展，积极解决企业在建设和生产过程中遇到的种种难题，对入驻企业一视同仁，脚踏实地做好化妆品行业的桥梁和纽带。在协议签订仪式上，束毅峰表示一定会遵守园区相关规定，在稳定发展中建设好企业，为中国美妆小镇锦上添花。

吴兴区人大常委会党组副书记、副主任、美妆小镇管委会主任茅利荣代表中国美妆小镇管委会对杭州兰茜化妆品有限公司的入驻表示欢迎。他表示，美妆小镇管委会会全力支持企业发展，积极帮助解决企业建设生产过程中遇到的问题，对入驻企业一视同仁，共同为建设中国美妆小镇而全力以赴。

埭溪镇党委书记潘鸣、埭溪镇镇长陈勇杰代表当地政府，对杭州兰茜化妆品有限公司入驻中国美妆小镇表示欢迎，他们通过园区真实事例讲述了当地政府对于园区内企业的重视与支持，希望杭州兰茜化妆品有限公司可以在中国美妆小镇早日建成投产，越办越好，共筑中国美妆小镇新的篇章。

当地领导的表态，让束毅峰对企业的未来充满信心。同年11月，由杭州兰茜化妆品有限公司、杭州德高化工开发有限公司、浙江宇高化工有限公司等多家专业化妆品原料和成品生产企业共同投资的浙江高妍科技有限公司在中国美妆小镇正式注册成立,这一家覆盖化妆品全品类、家庭清洁用品、消毒杀菌产品等日化产品的高科技化妆品企业集团,在中国美妆小镇拥有50000多平方米的生产基地,成为中国美妆小镇化妆品全产业链的重要组成部分。

浙江高妍科技有限公司成立后,束毅峰到中国美妆小镇的时间也越来越多,对中国美妆小镇的认识也越来越深刻,并积极参与中国美妆小镇的有关工作。2020年,中国美妆小镇成立了美妆健康协会,在侯军呈及各位领导、企业家的力荐支持下,束毅峰被推选为协会会长,担起行业重任。在束毅峰的带领下,美妆健康协会切实加强了行业企业之间的交流,当好美妆小镇化妆品行业健康发展的好参谋,让更多优质的化妆品企业了解美妆小镇,让更多行业资源流向美妆小镇。

二十四、安塞尔先生

中国美容博览会由中国国际贸易促进委员会轻工分会与英富曼集团上海百文会展有限公司共同主办,是国内外美容化妆品原料、包材、机械设备供应商,以及美容化妆品制造商、代理商、经销商以及美发美容专业领域经营者开展商业流通的化妆品行业全产业链平台,属贸易性、专业性、国际性、定时定点的展览会。

2017年5月23日,第22届中国美容博览会在上海新国际博览中心隆重开幕,来自全球34个国家及地区的3000余家相关企业前来参展,侯军呈和中国美妆小镇携其中入驻的16家企业与产品第二次在美博会上亮相于WVIP15展位。展馆内宾客如云,一边是兴致勃勃的咨询,一边是热情细致的讲解,一团和气。

5月25日,是中国美容博览会会期的最后一天,中国美妆小镇迎来了一个由40多人组成的重量级访问团。访问团成员由来自法国、韩国以及国内各地的知名化妆品企业代表组成,其中有一位特别重要的客人,他就是侯军呈的老朋友、国际化妆品领域中的权威人物，法国化妆品谷主席安塞尔先生。

安塞尔到访美妆小镇

法国的化妆品谷是世界最具盛名的化妆品产业聚集区，它位于法国的沙特尔市，成立至今已经有20多年的历史了。在这里，汇聚了从化妆品的研发、生产、检测、流行趋势预测咨询，到打造产品、配方设计等与化妆品相关的全产业链企业1000余家。其中既有像欧莱雅、香奈儿这样的跨国化妆品巨头，也有大量在细分领域拥有领先技术的中小型企业。它们为整个法国化妆品产业贡献了超过半数的销售额。安塞尔先生就是化妆品谷的创始人之一，同时还是闻名世界的全球化妆品博览会——法国巴黎 Cosmetic 360 展会的创始人，为法国乃至世界化妆品行业的发展做出了不可忽视的贡献。

2015 年 10 月，侯军呈以美妆小镇总顾问的身份首次参加在巴黎卢浮宫举办的 Cosmetic 360 展会，并一炮走红，成为当届展会上最受瞩目的参展单位，顺利开启了海外招商的序幕。这些都离不开展会创始人和组织者安塞尔先生的默默支持，他曾为侯军呈和中国美妆小镇的海外招商提供了巨大的支持。

识英雄，重英雄。随着侯军呈和安塞尔先生交往的增多，安塞尔先生渐渐地被侯军呈的中国美妆梦想和为中国化妆品行业的无私付出所感动，也被他的气度和胸襟折服，把侯军呈当作一位值得尊敬的朋友。安塞尔先生不止一次地在公众场合赞赏侯军呈的努力，曾对媒体表示："看到中国美妆小镇积极在法国乃至整个欧洲招商，感到很高兴，其招商团队相当强劲、高效，甚至连侯董（侯军呈）这样的企业家也参与其中，令人非常欣慰。"

安塞尔认为，中国美妆小镇的招商战略很好，加强与国外化妆品行业的互动，是它与中国其他同类型组织的最大不同，这显然"有助于中国美妆小镇走向国际，打造自己的国际范儿"。

自助者天亦助之。安塞尔先生经常主动为侯军呈在欧洲的招商出谋划策，帮助他在人生地不熟的异国他乡顺利开展招商工作。侯军呈也非常感激这位爽朗大方的异国同行热情援助，多次邀请安塞尔先生来中国美妆小镇走一走、看一看。如今，安塞尔先生终于寻得几日闲，在上海参加中国美容博览会后，和同行们直奔神往已久的中国美妆小镇参观访问。

在中国美妆小镇，身为东道主的侯军呈全程陪同安塞尔先生一行，为他们详细介绍了美妆小镇的建设进度和招商情况，还热情地邀请大家参观位于中国美妆小镇的珀莱雅生产基地。

参观团中有很多人和安塞尔先生一样只听说过中国美妆小镇的大名，了解一些招商政策，却没有更详细的了解。如今，他们通过实地考察，并和侯军呈等人进行坦诚而深入的交流后，对小镇的发展有了更为直观和深刻的理解，对双方未来的合作也产生了更大的兴趣。

很多时候，合作的契机就是在双方良性互动中自然而然产生的，但这些都离不开侯军呈的执着和热情。久经商海沉浮的他深知每一次商谈都很重要，从不放过每一个推介小镇的机会。无论自己有多累或多忙，都会认真热忱地接待每一家来访的企业；无论对方的企业规模是大还是小，他都能平等相待，一尽地主之谊，并耐心地为对方解惑答疑。

安塞尔先生是世界知名的化妆品行业领袖人物，不但对西方发达国家的化妆品市场了如指掌，也始终关注着中国化妆品市场。从2010年起，他每年都会来中国参加化妆品展会，非常了解中国化妆品市场的变化，对其前景充满了乐观。他曾经在回答记者采访时说："仅从人口来说，法国只有6000万，而中国人口多达十几亿，可以挖掘的消费群体非常庞大。从化妆品平均消费水平来看，欧洲人每年的化妆品人均消费金额为130欧元，法国人每年的化妆品人均消费金额为200欧元，而中国人每年的化妆品人均消费金额为33欧元，有很大的提升空间。"

安塞尔先生的这次美妆小镇之行，既是对中国美妆小镇的实地参观和了解，也是代表法国化妆品谷前来拜访，寻找合作机会，增进双方的友谊，是中法两个化妆品产业基地之间合作的肇始。

安塞尔先生对这次的美妆小镇之行感到非常满意，也惊叹于美妆小镇的发展速度，对他的未来充满了信心。为此，在4个月之后的金秋九月，他又一次应邀来到中国美妆小镇，参加第三届化妆品行业领袖峰会。

2017年9月，以"共商、共建、共享"为主题的第三届化妆品行业领袖峰会如期在中国美妆小镇举行。峰会邀请了国内外化妆品行业的大佬精英为中国美妆小镇的建设献计献策，一同打造"东方格拉斯"。峰会期间，安塞尔先生和侯军呈以及湖州当地领导进行了深入而坦诚的交流，表示愿意积极推动法国化妆品谷和中国美妆小镇的合作。

第三届化妆品行业领袖峰会

安塞尔建议，中国美妆小镇在引进国外项目时可以优先考虑产品研发领域的企业。对于化妆品企业而言，最重要的始终是产品和研发技术。他还希望中国美妆小镇和法国化妆品谷能够共同探讨一些合作项目，推动双方的研发合作，争取在新产品方面实现突破。此外，双方也可以在产业链的打造等方面进行合作。

侯军呈听了安塞尔的建议后非常高兴，他知道这对中国美妆小镇来说是一个非常好的提升自身综合水平的机会。法国化妆品谷是业内最知名的化妆品聚集区，20多年能一直蓬勃发展，其在运营管理、产业链整合、区域内企业配合等领域都有着丰富的经验，这些都是中国美妆小镇渴求的宝贵知识财富。同时，法国化妆品谷中的企业大都有着独特的产品或技术优势，如果能将它们引进到中国美妆小镇，将极大地提升美妆小镇的综合实力和国际化水平。

安塞尔先生的期望也是侯军呈的心愿。侯军呈十分感谢安塞尔先生为促进中国美妆小镇和法国化妆品谷的合作所做的努力，希望通过安塞尔先生和法国化妆品谷，将国际上更多的优秀化妆品企业和先进技术引入到中国美妆小镇，在共同开发中国市场中一起成长壮大。同时，侯军呈还和安塞尔先生一起探讨帮助中国化妆品行业"走出去"战略，帮助将中国本土优秀化妆品企业引荐到化妆品谷乃至欧洲，充分利用当地优势资源研发出更优质的产品，并向全世界推广，推动中国化妆品企业走向世界。

面对媒体采访时，安塞尔先生直言非常看好法国化妆品谷和中国美妆小镇的合作，对合作的前景非常放心。他认为美妆小镇有以侯军呈为代表的一群实干家的勤奋努力，一定能做大做强。他说："我曾经接触过一些类似的项目，往往没有实质内容，像天方夜谭。相比之下，中国美妆小镇这个项目很全面、很到位，具体实施上已取得很真实的成效。"

安塞尔先生的到访和对侯军呈及中国美妆小镇的肯定，让更多人看到中国美妆小镇的美好未来。

二十五、梦蝶飞

古人常有"身在曹营心在汉"之说，侯军呈在海外招商时，也常常有身在海外心在中国美妆小镇的现象。他在摩洛哥招商考察时，心里就念念不忘 7 月 10 日与入驻企业梦蝶飞彩妆的签约事宜。

即将签约入驻中国美妆小镇的湖州市梦蝶飞科技有限公司是一家知名高科技彩妆生产企业，规划在中国美妆小镇投资 3.5 亿元，建设全智能彩妆生产工厂。这是中国美妆小镇继引进韩国蔻丝恩彩妆之后，又一次引入以彩妆为主的化妆品企业，有着非同一般的意义。

侯军呈在盛邀梦蝶飞彩妆入驻中国美妆小镇时，对这家国产化妆品企业中的后起之秀有较深了解，对其经营理念和技术实力甚为赞赏。他很欣赏梦蝶飞彩妆总经理区鸿德勤奋、高效的实干精神。侯军呈之所以如此看重梦蝶飞公司，是因为他不但欢迎国外大牌美彩妆企业入驻美妆小镇，也希望国内优秀彩妆企业能在这里扎根成长，共同托起化妆品行业的一片天。

彩妆属于化妆护肤领域中的一个门类，主要是通过粉底、蜜粉、口红、眼影、胭脂等有色泽的化妆材料和工具对面部及手部进行装扮的总称。彩妆的特点是有多种风格，且装扮效果明显，能弥补女性因身体、年龄等缺陷所带来的美丽遗憾。它的应用范围较广，我们常见的有生活妆、新娘妆、印度妆等。如今，彩妆在欧美等国家已经成为一门形象美的艺术。

和其他护肤、护发、防晒等基础型化妆品相比，彩妆产品在我国的起步时间较晚，但发展迅速。据统计，2017年，我国国内化妆品市场规模达到了3615.7亿元，同比增速达到8.79%。其中，彩妆行业的规模达到了344亿元，在化妆品中的比重约9%，仅为全球化妆品市场中彩妆产品所占比重（18%）的一半，但是它的同比增速达到21.55%，远高于全球同期增速，可见我国消费者对彩妆的需求之旺盛。

但是，目前我国化妆品市场中的彩妆品牌以欧美和日韩品牌为主，中国本土品牌的市场占有率很低。侯军呈希望中国美妆小镇能引入更多有潜力的国产彩妆公司，帮助其快速发展，以扩大本土品牌的市场影响力和占有率。侯军呈对这家企业以彩妆为主，为消费者及其他化妆品公司提供服务的经营方向，以及智能化、绿色环保的技术优势十分看好，认为它有广阔的发展前景。梦蝶飞彩妆的入驻恰好能填补中国美妆小镇在这方面的空白，所以侯军呈身在海外非洲，心却不时飞回中国美妆小镇。

据介绍，梦蝶飞彩妆的技术背景和实力非常雄厚。它拥有德国著名设计公司DB、最具历史的法国宝诗集团及国内众多一流供应商，其团队成员具备广泛人脉及强劲的业务开发、产品研发、营运能力，其中不少人来自Albea、HCP、Intercos、Avon等行业领军企业，能以相对较低的产品及服务综合成本为消费者及行业客户提供彩妆一站式服务。

根据协议，梦蝶飞彩妆将在中国美妆小镇建设一家全智能生产工厂，这在本土化妆品生产企业中属于领先之举。在梦蝶飞彩妆的全智能工厂规划中，将实现设备自动化、生产透明化、物流智能化、决策数据化等目标。从厂内原料输送、生产制造、密封到打包出厂等一系列流程，都将采用人工智能控制的工业机器人进行流水化全自动作业,并通过技术手段尽可能地减少彩妆生产对环境的影响,符合绿色、环保生产要求。工厂投入生产后,能大幅提高生产效率,产品品质更加稳定。同时,公司在人力资源管理方面也会产生相应变化,能有效缓解招工难和制造业工人流动性大的"痛点",公司培养员工的重点也将从劳动密集型向技术密集型转变,实现人员素质的提升。

梦蝶飞彩妆的高科技基因和发展理念契合了侯军呈和中国美妆小镇管委会对入驻企业的期望。他们希望每一家入驻企业都能做到"工厂与青山绿水和谐共存",实现美妆小镇和辖区内企业的可持续发展。也只有这样,中国美妆小镇才成为引领国内化妆品行业潮流的时尚产业聚集区,才能缩短和欧美日发达国家化妆品产业的差距。

7月10日,梦蝶飞彩妆入驻仪式在中国美妆小镇管委会举行。中国美妆小镇管委会主任茅利荣、常务副主任戚斌斌和梦蝶飞彩妆总经理区鸿德等人出席了签约仪式,侯军呈在万里之外的非洲摩洛哥专门给他们送上最热烈的祝贺和衷心的祝福。

梦蝶飞项目签约仪式

招商工作知易行难，实务操作中更是千头万绪。侯军呈这位中国美妆小镇招商团队的领头人和中国化妆品行业的金牌"店小二"，不但希望有更多的化妆品企业入驻中国美妆小镇，还对所邀请的对象企业进行深入考察和科学选择，说服他们接受中国美妆小镇的发展理念以实现共同繁荣，通过高起点起跑，高标准选择，实现高质量发展。尽管这样的选择极大地增加了他的工作难度，他肩头的担子更重了，但他没有丝毫退缩，而是以勇往直前的精神克服重重困难，取得了一个又一个亮眼的成绩。

二十六、难忘的非洲之行

非洲，是一片神秘又广袤的大陆。印象中，似乎与美妆无法联系起来，但侯军呈却明白，这里是美妆小镇打通全产业链必不可少的一步。

2017年7月，侯军呈一行与法国化妆品谷签署合作协议后，来不及休息就马不停蹄地奔赴北非地区首个与我国签署"一带一路"合作规划的国家，有着"北非花园"美称的摩洛哥。

摩洛哥位于非洲大陆西北端，是离欧洲最近的非洲国家。摩洛哥境内大部分地区常年气候宜人、风景如画，有着"烈日下的清凉国土"的美誉。

摩洛哥是最早同新中国建交的非洲国家之一，双方的关系持续良好发展。2016年5月11日，摩洛哥王国国王穆罕默德六世应邀访问中国。两国元首共同签署了《中华人民共和国与摩洛哥王国关于建立两国战略伙伴关系的联合声明》，并见证了司法、经贸、能源、金融、文化、旅游、食品安全等领域双边合作文件的签署，为双方在民间商贸等领域的合作奠定了坚实的基础。

2020年，中国与摩洛哥双边货物进出口额为476369.4万美元，相比2019年增长了9357万美元，同比增长2.1%。摩洛哥已成为中国在非洲的第一大茶叶出口市场、主要渔业合作伙伴和重要工程承包市场，中国是摩洛哥第三大商品进口来源国。

在侯军呈的眼中，位于非洲的摩洛哥虽然在经济实力远比不上欧美发达国家，但是在化妆品领域有着独特的优势。因为摩洛哥是国际化妆品界公认的"液体黄金"阿甘油的故乡，没有柴火怎能做出一锅人人都喜欢吃的可口米饭，所以借助中摩两国在国家层面密切合作的东风，他带队访问摩洛哥的精油企业等化妆品业同行，希望拓展美妆小镇在世界化妆品领域中的合作版图。

在摩洛哥，有三种被当地人视为珍宝的物产：阿甘、椰枣和仙人掌。其中，阿甘果实就是国际美容美妆领域中享有盛名的"阿甘油"的原料。

阿甘树是摩洛哥的特有树种，耐干旱耐高温，寿命大约150～300年。从其果实中压榨出的阿甘油是一种非常珍贵的植物油，富含维生素E、皂苷、ω-3和ω-6脂肪酸等诸多营养物质。其中的维生素E含量是橄榄油的两倍，亚油酸含量也比橄榄油高出不少，在抗皱、祛斑、保护皮肤等方面有极佳的效果。

自古以来，摩洛哥当地妇女就用阿甘油制作的纯天然化妆品护肤护发。后来，去摩洛哥旅游的欧洲人发现了这个秘密后也经常购买阿甘油使用，还作为珍贵礼物送给亲朋好友。如今，阿甘油是国际化妆品界公认的安全可靠的纯天然护肤品，并赞誉其为"液体黄金"。很多国际知名化妆品品牌旗下的产品中都添加了部分阿甘油以增强护肤效果，并以此作为产品卖点广泛宣传。

2010年上海世博会上，摩洛哥馆的镇馆之宝中就有阿甘油。这是它首次以国家官方认可的身份走进大众的视野中，此后日渐受到中国消费者的认可和欢迎。

摩洛哥人世代与阿甘树相伴，对阿甘油的特性知之甚深。他们创造性地将阿甘油应用在美容护肤等领域并受益匪浅。如今，摩洛哥当地化妆品企业以阿甘油为主要原料生产了手工香皂、精油等各种美发和护肤用品，深受当地消费者的欢迎。但是，摩洛哥总人口仅为3000多万，市场规模有限，当地化妆品企业有着更为强烈的拓展国际市场的需求。在欧美市场中，他们面临诸多一流化妆品品牌的强劲竞争，在扩展市场份额方面困难重重。有鉴于此，他们更希望能够进入拥有 14 亿人口的庞大的中国市场。侯军呈一行人的主动登门拜访给了他们零距离接触中国化妆品同行精英的良机。

在侯军呈等人面对面的详细讲解中，他们对中国化妆品市场有了更深入的认识，对中国美妆小镇的优势和服务内容有了全面的了解，甚至有当地化妆品企业当场就对入驻中国美妆小镇表现出了浓厚的兴趣。侯军呈表示热烈欢迎各家企业的入驻，中国美妆小镇官方会尽力为各家公司提供帮助。侯军呈等人认真而诚恳的态度极大地鼓励了这些企业进入中国市场的积极性。

侯军呈等人的到来为摩洛哥诸多化妆品企业打开了一扇了解中国市场的大门，让他们看到了蕴藏其中的巨大商机。一年之后，在上海举行的第一届中国进口博览会上就出现了摩洛哥化妆品企业的参展展台。有的摩洛哥化妆品企业每年都积极参加中国进口博览会，即使是在 2020 年新冠疫情肆虐全球的情况下仍然以远程方式参展。他们以实际行动表达了对"中国机遇"的重视，也是对侯军呈海外招商努力的最真实回报。

随后，考察团又访问了摩洛哥的苏斯马赛大区，受到当地政府的热情接待。双方就加深贸易合作关系、投资关系以及科技、人才等问题进行了洽谈，并且签订了相关合作协议。

苏斯马赛大区西临大西洋，东临阿尔及利亚，是摩洛哥经济较为发达的地区之一。其首府阿加迪尔市有着近千年的历史，素以多元文化的传统、宜人的海边美景和多样的美食著称于世，成为世界游客心中的一个旅游胜地。它拥有摩洛哥最大的渔港和便利的出口地理优势，还是一个传统手工业发达的地区，有培养手工艺人的专业培训中心。

侯军呈认为，苏斯马赛大区经济状况较好，又拥有通往欧洲和非洲大陆的重要港口。美妆小镇与其合作有利于建立沟通欧亚非三个大陆的经贸"桥梁"，方便日后引进欧洲和非洲各国的化妆品项目及产品，也能为美妆小镇及中国化妆品在欧洲和非洲大陆扩展业务、输出产品提供很多帮助。

美妆小镇与苏斯马赛大区签订战略合作协议

不谋全局者，不足以谋一隅；不谋大势者，不足以谋一时。在侯军呈的眼中，中国美妆小镇未来的站位是世界化妆品产业最重要的聚集区，更是东方的"化妆品谷"。他的每一次出访，都是在完善中国美妆小镇的世界化妆品产业链和贸易网络，每一份入驻签约都为中国美妆小镇增添了一份产业实力。

二十七、美丽公约

侯军呈是一个学习力很强的企业家，他在接受媒体采访时曾谈及如何学习国外企业的优秀经验。他说，部分本土企业在学习国外企业时，有的是学习它们的"形"，比如产品、研发等看得到的东西；有的是学习它们的"意"，如品牌理念。此外，我觉得还应该学习它们的经营理念、经营方式、品牌管理模式、创新思维等，从硬实力、软实力两方面全方位地进行学习。

侯军呈认为，国外企业的思想价值观和中国有很大差异性，国外企业往往更注重品牌形象、品质，还有企业的对外口碑，这一点非常值得我们学习。国内一些企业往往以短期利益为目的，有很多东西偏重形式，比如说注重营销，可能会导致在品质、研发方面不肯投入。

侯军呈特别强调，国外企业创业的第一步就是要做好研发，做好品质，这些都是我们要向它们学习的地方。我们经营企业时，也要考虑社会效应，保持对社会和行业负责任的态度，不能唯利是图。

侯军呈不但是这么说的，而且也是这么做的。

有一次，侯军呈出差到日本，办完公事，他习惯性地到东京时尚街区表参道商业街走访。这条总长不过1000米左右商业街，与原宿、涉谷、代官山一起形成东京四个最具特色、风格不同的时装店聚集地，被称为日本的香榭丽舍大道。据日本国际观光振兴机构介绍，表参道云集了欧洲、日本等顶级设计师的作品，流行元素含量很高，橱窗内的衣饰摆放非常有创意，适合有品位有经济能力的人士。作为表参道标志性建筑的表参道广场，它的魅力在于有些著名的世界品牌或大型服饰广场只设在这里，世界著名品牌的诸多旗舰店也设置在此处。可以说，表参道是世界品牌的亚洲展览中心。

侯军呈在表参道走访参观时，发现路旁有一块特殊的牌匾，上面印着著名的《表参道宣言》，宣言的内容是号召入驻表参道的商家要遵纪守法，共同维护行业秩序，保证向消费者提供高品质的产品，拒绝销售低劣假货。如今，《表参道宣言》不但成为这个时尚街区所有企业共同遵守的行业规则，而且成为日本时尚产业的一块金字招牌。

侯军呈看着《表参道宣言》，心中掀起了巨大的波澜。他从内心里对《表参道宣言》非常赞同，也很认同日本同行的这种共同维护行业秩序的行为。

他山之石可以攻玉，侯军呈在化妆品行业中摸爬滚打了这么多年，对国内化妆品行业的现状非常了解，更有着切身的感受。他深深感悟到，中国美妆小镇的建设，也需要一个类似的美丽宣言。

金秋送爽，丹桂飘香，又到了一年一度的化妆品行业领袖峰会时间。

第三章 以马为梦

自 2015 年起，在侯军呈的精心策划和倡议下，中国美妆小镇的化妆品行业领袖峰会经过两年的努力，已经成为国内最具影响力的化妆品行业高端论坛，在国际上的知名度也逐年提升。这次峰会要做一些什么呢？侯军呈想到了《表参道宣言》，他主张中国美妆小镇在这次的国际论坛上要公开提出自己的行业宣言——《美妆小镇美丽公约》，并与入驻小镇的各家企业负责人举行签约仪式。大家共同约定要诚信为本、合法经营，维护行业绿色、健康、和谐发展，避免中国美妆小镇重蹈散、乱、小的覆辙，走出一条高质、高效、绿色的良性发展之路。

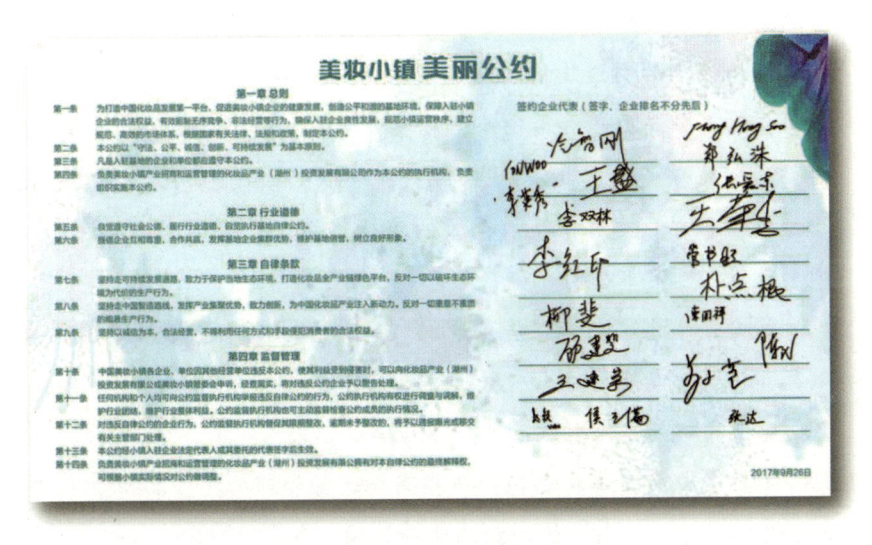

中国美妆小镇的美丽公约

侯军呈的提议得到了中国美妆小镇管委会上下的一致赞同，也得到了入驻企业的热烈响应。这些企业大都是国内外知名品牌，他们期盼在中国美妆小镇做大做强自己的事业，不希望身边出现粗制滥造、假冒低劣产品横行的情况。

2017 年 9 月 27 日，中国传统中秋佳节前夕，世界各国化妆品行业领袖和精英们纷纷来到中国美妆小镇，品味诗意江南，共话美丽事业。侯军呈在论坛上做了题为《共圆美妆梦》的激情演讲。他饱含深情地说道："我想每个化妆品人对于维护这个行业的和谐发展都有着义不容辞的责任，所以我们中国美妆小镇提倡所有入驻企业签署《美妆小镇美丽公约》。以守法、公平、诚信、创新、资源共享、合作共赢、可持续发展为基本原则。以美的事业为己任,以共同创造和谐、美丽的明天为目标。我们希望所有的入驻企业都能遵守公约精神,互相督促,改变粗制滥造、假冒伪劣、破坏环境的不良习气,从美妆小镇做起,促进我们整个行业更加健康、和谐的发展。"

《美妆小镇美丽公约》的主要内容是:

第一章 总则

第一条 为打造中国化妆品发展第一平台,促进美妆小镇企业的健康发展,创造公平和谐的基地环境,保障入驻小镇企业的合法权益,有效遏制无序竞争、非法经营等行为,确保入驻企业良性发展,规范小镇运营秩序,建立规范、高效的市场体系,根据国家有关法律、法规和政策,制定本公约。

第二条 本公约以"守法、公平、诚信、创新、资源共享、合作共赢、可持续发展"为基本原则。

第三条 凡是入驻基地的企业和单位都应遵守本公约。

第四条 负责美妆小镇产业招商和运营管理的化妆品产业(湖州)投资发展有限公司作为本公约的执行机构,负责组织实施本公约。

第二章 行业道德

第五条 自觉遵守社会公德,履行行业道德,自觉执行基地自律公约。

第六条 提倡企业互相尊重,合作共赢,发挥基地企业集群优势,维护基地信誉,树立良好形象。

第三章 自律条款

第七条 坚持走可持续发展道路,致力于保护当地生态环境,打造化妆品全产业链绿色平台,反对一切以破坏生态环境为代价的生产行为。

第八条　坚持走中国"智造"路线，发挥产业集聚优势，致力创新，为中国化妆品产业注入新动力。反对一切重量不重质的粗暴生产行为。

第九条　坚持以诚信为本，合法经营，不得利用任何方式和手段侵犯消费者的合法权益。

第四章　监督管理

第十条　中国美妆小镇各企业、单位因其他经营单位违反本公约，使其利益受到侵害时，可以向化妆品产业（湖州）投资发展有限公司或美妆小镇管委会申诉，经查属实，将对违反公约企业予以警告处理。

第十一条　任何机构和个人均可向公约监督执行机构举报违反自律公约的行为，公约执行机构有权进行调查与调解，维护行业团结，维护行业整体利益。公约监督执行机构也可主动监督检查公约成员的执行情况。

第十二条　对违反自律公约的企业行为，公约监督执行机构督促其限期整改，逾期未予整改的，将予以通报曝光或移交有关主管部门处理。

第十三条　本公约经小镇入驻企业法定代表人或其委托的代表签字后生效。

第十四条　负责美妆小镇产业招商和运营管理的化妆品产业（湖州）投资发展有限公司拥有对本自律公约的最终解释权，可根据小镇实际情况对公约做调整。

《美妆小镇美丽公约》一公布，旋即在海内外引起了强烈反响。这是我国化妆品行业第一个由企业主动提出并得到实施的自律性公约。它的出现宣告中国美妆小镇将要走出一条致力于创新、追求高品质的发展之路。

《美妆小镇美丽公约》在要求入驻中国美妆小镇企业遵守行业规则的同时，也提高了入驻美妆小镇的门槛，杜绝了那些想浑水摸鱼或急功近利的商家的入驻。这使中国美妆小镇成为中国化妆品行业中的一片净土,一个供有抱负的企业家们施展才华的空间。从这个角度说,侯军呈是在以一己之力推动整个行业的净化和发展。其功在当代,利在后世。

《美妆小镇美丽公约》推出后,给侯军呈的招商团队工作也带来了令人意想不到的臂助。有些企业原以为刚刚诞生不过两三年的中国美妆小镇有可能成为又一个鱼龙混杂的化妆品商家聚集地,因此他们面对美妆小镇的招商邀约时常常心存疑虑。当他们真切地看到美妆小镇快速发展的态势以及为了行业良性发展而做出的种种努力后,对入驻中国美妆小镇的态度积极了很多,合作商谈的进度也更加顺利了。

侯军呈在接受品观网采访时充满信心地说:"我的想法是,以后只要是中国美妆小镇生产的东西,都贴上美妆小镇LOGO,有这个LOGO,就代表产品是有信誉的,品质是可以保证的,是有行业责任的。让更多的消费者信赖中国美妆小镇生产的东西,尊重中国美妆小镇的企业,这才是小镇要达到的目的。"

二十八、马克龙的问候

化妆品产业(湖州)投资发展有限公司副总经理王亚男曾是浙江电视台的主持人,2016年因受侯军呈的事迹所感召加盟中国美妆小镇的招商团队,协助侯军呈在全球为中国美妆小镇招商引资,成为侯军呈的左臂右膀,是中国美妆小镇建设发展的重要亲历者和见证人之一。

中法青年领导者论坛是中国外交学会和法国法中基金会共同举办的高规格论坛活动,始于2013年,旨在通过组织两国青年精英互访,推动两国人文交流,增进青年一代相互了解和信任,夯实中法全面战略伙伴关系的民意基础。论坛由中国外交学会与法国法中基金会轮流在两国举办。其中第四届论坛在中国北京举行,时任国家副主席李源潮在北京会见了法国前总理拉法兰和出席第四届中法青年领导者论坛的双方代表。第五届中法青年领导者论坛在法国勃艮第举办，中国美妆小镇代表王亚男应邀远赴法国参加论坛活动，中国外交学会名誉会长李肇星作为中方代表率团出访。第六届论坛在中国重庆举行，国家副主席王岐山在人民大会堂会见出席第六届中法青年领导者论坛的双方代表。

2017年10月15日，王亚男跟随第五届中法青年领导者论坛代表团来到里昂，并走访了里昂中法大学旧址。里昂是中国古代"丝绸之路"西方的终点，是中国丝绸产品在欧洲的集散中心；1921年创立的里昂中法大学，是中国在海外的第一所也是唯一一所大学类机构。中法大学的建立发生在20世纪初中法教育文化交流的大背景下，既是对中国赴法勤工俭学运动的延续与突破，也对中国革命的兴起起到了推波助澜的作用。跨越百年岁月，坐落在富尔维耶尔山丘石堡城门上用汉字和法文镌刻的"中法大学"校名，是中法两国交往历史中的重要见证。王亚男在这里接受了最深刻的教育。

10月17日，是中法青年领导者论坛在法国活动的最后一天，法国总统马克龙在爱丽舍宫接见了参加论坛的两国代表，并与中国美妆小镇代表王亚男亲切交谈。王亚男向马克龙讲述了中国美妆小镇蓬勃发展的建设成就，表达了自己这次法国之行是希望与更多法国化妆品企业相互学习交流，助力中国民族化妆品品牌崛起，希望有一天能将中国更多优秀化妆品品牌带给法国消费者。同时，王亚男也向马克龙表达了中国美妆小镇同仁们的一个愿望：希望有更多的法国化妆品企业入驻中国美妆小镇，促进中法化妆品企业友好交流，资源共享，互利共赢。

马克龙得知王亚男来自中国美妆小镇时非常高兴，伴随着王亚男的讲述，两年前在巴黎Cosmetic 360展会上与侯军呈等中国美妆小镇招商团相遇的一幕又浮现在眼前。

马克龙的全名是埃马纽埃尔·让-米歇尔·弗雷德里克·马克龙，他是法国知名政治家、第八任总统。他于1977年12月21日出生于法国北部城市亚眠，是巴黎第十大学哲学系高才生。后来，他又进入巴黎政治学院、法国国家行政学院深造，以优异的成绩毕业。

马克龙与王亚男亲切交谈

2012年，马克龙担任总统府副秘书长，2014年8月担任法国经济、产业更新和信息技术部部长，成为法国政坛上一颗冉冉升起的新星。他一贯支持"全球化"，认为应该顺应经济发展规律，法国也要欢迎外来资本，并力挺中国企业收购法国图卢兹机场。

2015年，时任法国经济、产业更新和信息技术部部长的马克龙视察著名的时尚大展 Cosmetic 360 展会。他在展会上主动参观中国美妆小镇的展区并和侯军呈亲切交谈合影，对侯军呈的化妆品产业梦想以及推动中法企业交流合作的努力非常赞赏，给予了莫大的鼓励。

多年后，侯军呈回想起当时马克龙出现的场景，依然清晰如昔——笔挺的灰蓝西装、暗红的领带、自信灿烂的笑容，眼前这位未及不惑之年的西方政客，带着他独有的热情，意气风发地走向来自东方的客人。

合影之后，马克龙踱步到中国展区，停留在浙江湖州中国美妆小镇展位前。中国美妆小镇创始人、珀莱雅董事长侯军呈向马克龙赠送了一条来自浙江湖州的丝绸围巾。

侯军呈后来满怀激动地回忆着当时的场景："我把丝绸围巾作为伴手礼送给马克龙，他接过礼物的同时和我亲切握手，并表示非常开心收到这样一份富有中国特色的礼物。丝绸是中华文明的象征之一，马克龙祝愿中国化妆品未来也成为中国的名片。"在翻译的帮助下，马克龙与侯军呈进行了很好的交流。在侯军呈的眼中，这名法国政府最年轻的部长待人热忱，气度不凡，极具人格魅力，是西方新一代政治家的代表。

侯军呈赠予马克龙丝绸围巾

2016 年，马克龙创建政治团体"前进运动"，以独立候选人身份参加总统选举，并在 2017 年 5 月 7 日赢得选举，成为法国历史上最年轻的总统。事后，《化妆品报》、浙江新闻、世界浙商网等多家媒体报道了法国总统马克龙和中国美妆小镇的故事。

马克龙是第一位在公众场合认可并支持中国美妆小镇发展的西方大国

领袖。2015年10月，侯军呈从法国参展回来，就把和马克龙的合影挂在中国美妆小镇产业公司的墙壁上，激励自己不断奋进。如今，马克龙又通过王亚男给他和中国美妆小镇带来问候，这无疑对侯军呈和中国美妆小镇的创业者，都是很大的鼓励。

3天后，侯军呈再次到巴黎参加 Cosmetic 360 展会，代表中国美妆小镇与法国化妆品谷正式签订战略合作协议；同时，一起赴法的湖州市副市长卢跃东、湖州市税务局长黄德超、湖州市外事办副主任徐汝忠、吴兴区人大党组副书记兼副主任茅利荣等代表湖州市政府与法国沙特尔市签订了建立友好交流关系意向书。

第二天晚上，侯军呈代表中国美妆小镇在卢浮宫举办隆重的招商答谢晚宴。中国驻法大使馆、法国巴黎第八区、法国化妆品谷以及一些知名化妆品企业的领导纷纷出席晚宴并发表讲话。晚宴的高潮是中国美妆小镇和法国高等美容美妆学院正式签订战略合作协议。法国高等美容美妆学院创始人兼主席雷吉娜女士发表了热情洋溢的演讲，她表示中国有着广阔的化妆品市场前景，非常看好和中国美妆小镇的合作，并对未来寄予了厚望。侯军呈说，中法化妆品行业如此亲密合作，离不开马克龙总统的支持和鼓励。

3个月后的2018年1月，法国总统马克龙应邀访华，特别关注中法化妆品产业。据业界观察报道，与此前各国政要访华不同，马克龙大概是"离"中国化妆品产业"最近"的一位国家元首。而化妆品行业，也可以说是这个时尚国度和中国交流最密切的领域之一。他此时带来的新政策、新风向，也为中法化妆品行业的发展带来新方向。

可以相信，马克龙对侯军呈和中国美妆小镇的问候，将给中法化妆品行业和互动交流，留下深深的记忆。

二十九、珀莱雅上市

2017年11月15日，侯军呈带领珀莱雅企业高管团队来到了位于上海市浦东新区杨高南路的上海证券交易所。

上午9点30分，珀莱雅化妆品股份有限公司在上海证券所鸣锣开市，成为中国大陆主板第一家真正意义上的纯化妆品概念股。这意味着珀莱雅将不再是一家普通的化妆品企业，而是经受严格考核后被资本市场高度认可的公众型公司，发展前景将更为广阔。

珀莱雅敲锣上市

"以实力求上市，以上市促发展。"这是多年前珀莱雅在化妆品市场崭露头角时侯军呈立下的宏愿。在珀莱雅品牌创立14年后，他的愿望终于得到了实现。据报道，珀莱雅本次公开发行的总股本为20000万股，股票发行量为5000万股，发行价格为15.34元/股，证券简称"珀莱雅"，证券代码为"603605"。

珀莱雅上市后，股价一路走高，时至今日已经高达每股190多元，成为颇受资本市场瞩目的一只长牛股，也是纯化妆品类甚至日化类股票中的一个标杆。

古人云：博观而约取，厚积而薄发。珀莱雅为何有如此卓越的表现，它的上市和中国美妆小镇有什么关系？

熟悉珀莱雅和侯军呈的人都知道：2003年，侯军呈和内弟方玉友在杭州注册成立珀莱雅，在当时众多的同类化妆品企业中属于小字辈。珀莱雅的幸运是有侯军呈这位深谙中国化妆品市场的企业家领航，在第二年销售额就达到了4000万元，实现快速发展。

2006年，珀莱雅（湖州）化妆品有限公司正式成立。2007年，珀莱雅销售额突破一亿元，已经成长为中国化妆品市场中一个不可忽视的参与者。

2009年起，侯军呈对标国际一流化妆品品牌的生产标准，在埭溪建起了占地160亩的现代化生产基地，解决了制约珀莱雅发展的产能瓶颈问题。随后，他审时度势，将生产基地占地面积又扩大到了260亩，成为国内以自主生产产品为主的少数本土品牌之一，成为中国美妆小镇的龙头企业，避免了有些品牌以代工为主导致产品质量不稳定、产能受影响、应对市场滞后等弊病。自此，埭溪珀莱雅生产基地不仅成为珀莱雅在商战中的大后方，也为后来中国美妆小镇的开发建设埋下美丽种子。

珀莱雅化妆品生产基地

在侯军呈的谋划带领下，珀莱雅诞生后先以单一品牌战略在市场上站稳脚。之后开始了多品牌战略阶段，针对不同的消费需求相继推出了韩雅、优资莱、优雅、猫语玫瑰、悦芙媞等细分品牌，逐渐形成了多品牌、多品类、多渠道的发展模式。如今，其旗下产品达到数千种，涵盖了护肤品、彩妆、清洁、洗护、香薰等化妆品领域。

以化妆品代理起家的侯军呈对销售渠道和营销模式有着天生的敏感性。在2015年和2016年时，他就发现线下渠道红利逐渐减少，电商渠道开始显现广阔的前景。经过认真的调研后，他于2017年加大对电商渠道的开发，并深度把控天猫直营、京东、唯品会等线上渠道，取得了非凡的业绩。

据《每日财报》的统计，2019年，珀莱雅线上渠道营收16.55亿元，同比增长60.97%，占比为53.09%，而2018年的占比为43.57%，提升将近10%左右。2017—2019年，珀莱雅营收增速分别为9.83%、32.43%、32.28%，净利润增速分别为30.7%、43.03%、36.73%。其股价也随之节节攀升。

此外，侯军呈还非常重视科技研发。珀莱雅每年都在研发上投入大笔资金，建设了国内顶尖的化妆品研发机构。仅在2019年，珀莱雅的研发投入就达到了7400万元，占营收入的2.39%，是同行企业完美股份4500万元研发投入的1.6倍。创始人的重视和连年大手笔的投入，换来的是珀莱雅自有专利数量与日俱增，每年都能推出诸多高品质产品。

比如，珀莱雅研发出的一款独特的烟酰胺精华，可以达到99%的精纯度，同时运用了"深潜舱保鲜科技"，将烟酰胺精纯粉与外界环境隔绝，采用粉液分离的设计，保证了功效不衰减，引起消费者的热烈追捧。又如，珀莱雅采用自发泡技术研发的"泡泡面膜"甫一推向市场就深受欢迎，一度卖到断货。

侯军呈擅长以大手笔营销战略提升珀莱雅在市场上的占有率，同时也明白科学的管理制度是企业长久发展的最大保障。他以二次创业的魄力紧抓企业内部管理和运营，期望将珀莱雅打造成为管理水平一流的国际性美妆企业。为此，他耗费巨资聘请顶级管理咨询公司做珀莱雅的管理顾问，陆续引进了 OA 系统、SAP 系统、CRM 系统、PLM 系统等企业管理系统。经过数年的学习和应用，珀莱雅的管理更加专业化、标准化、规范化和制度化。

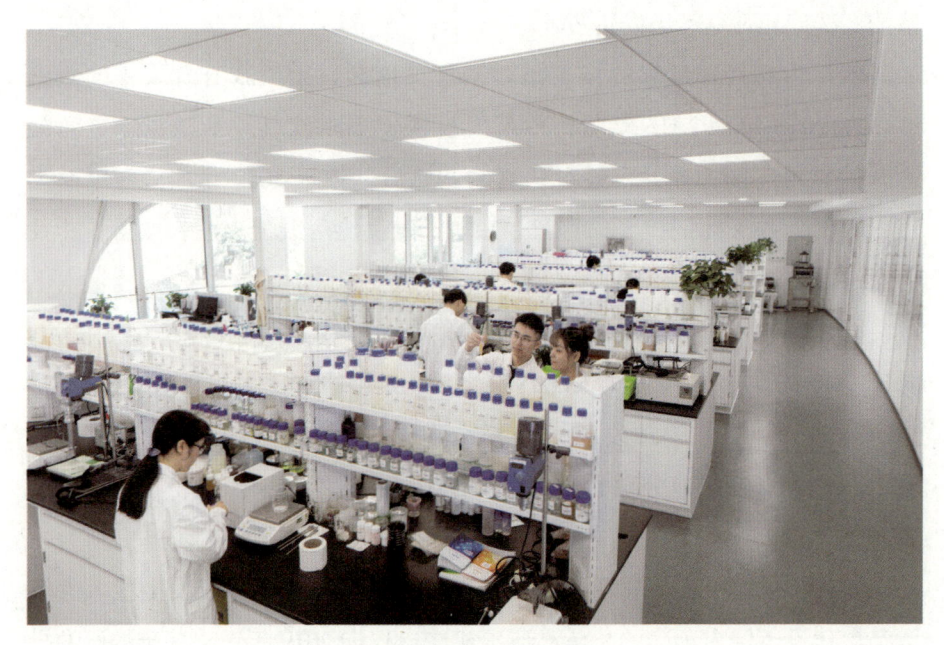

珀莱雅科研实验室

"梅花香自苦寒来"，侯军呈在 2017 年化妆品报年会的演讲中，动情地回忆说："珀莱雅这些年，不是一帆风顺的，可以说，我们经历了很多的坎坷，迈过了很多的难关。"

"二次创业，对珀莱雅来说，是痛下决心的。为了渠道拓展、品牌升级、产品升级、形象升级，要求我们全体员工发生质的变化，必须全面蜕变。我们修炼内功，做了长期的战略规划，梳理了企业文化，改变了组织架构，优化了流程体系，每一件事都是大动作，这种变化是巨大的，也是痛苦的，但是我们做到了。"

众所周知，一家企业想在 A 股上市，需要按照法定程序经过证监会的多道严格审核才有可能获批。一般来说，企业从申请上市、排队到审核，最终上市的整个过程比较艰难，耗费时间也较长。但是，侯军呈这些年来一直在不断优化珀莱雅的公司治理架构及经营管理机制。公司的运营流程等各领域都已经做到了合法合规，自然得到了上交所的青睐。当侯军呈向上交所提交珀莱雅的上市申请时，才能在短短的一年半内就通过层层审核，顺利获批。

2016年5月27日，侯军呈代表珀莱雅向上交所正式提交首次公开发行股票招股说明书。2017年9月11日，珀莱雅公布了更新后的招股书，11天后顺利过会，确定上市。侯军呈带领珀莱雅顺利上市的消息犹如一颗重磅炸弹在业内引起了强烈的反响，极大地增强了其他优秀化妆品企业追随珀莱雅脚步申请上市的勇气。

珀莱雅的上市不仅给企业本身和股东们带来了丰厚的回报，对行业的发展大有裨益，也给中国美妆小镇带来了很多令人意想不到的助力，树立起良好的标杆榜样作用，为中国美妆小镇招商引资建立了生动的样板。

当秉承"美丽永存，共享美好"使命的珀莱雅成为国内第一家纯美妆企业上市公司后，其所在的中国美妆小镇最直观的收益就是极大地提升了品牌影响力和知名度。在"示范效应"的影响下，中国美妆小镇在与招商目标企业商谈时也有了更有力的说服力，侯军呈的言行有了更大的凝聚力和个人魅力，吸引了更多国际一流化妆品企业入驻。

"路漫漫其修远兮，吾将上下而求索。"侯军呈坦言："我们今天的企业已经不是为了逐利，而是为了行业的发展，为了社会的美丽，为了和伙伴们一起拥有尊严和荣誉，为了走向世界，像华为手机、格力空调、海尔家电一样，成为中国递给全世界的一张金灿灿的名片。"

这就是珀莱雅上市赋能中国美妆小镇的一种历史选择。

第四章 逐梦时光

三十、老大哥侯军呈

时光如梭，埭溪的变化日异月更。短短两年多的时间，美妆小镇已经由贫穷之乡"变身"为海内外知名的化妆品产业聚集区。这都离不开侯军呈的无私奉献和当地政府的全力支持。

在最早和侯军呈搭班子一起"创业"的政府团队中有一位年龄最小的成员，他就是时任埭溪镇镇长的戚斌斌。在2018年调离埭溪镇之前，他亲身经历了美妆小镇从无到有、从弱到强的激情岁月，坦言和"老大哥"侯军呈共事的那段日子是自己人生中最美好的时光。

戚斌斌出生于1979年，他的身上兼有这个时代年轻人的开放性视野和江浙人极强执行力。自从来到埭溪镇接任镇长一职后，戚斌斌满脑子想的都是如何发展当地经济，摘掉"贫困"的帽子。

戚斌斌与侯军呈的结识缘起于珀莱雅在埭溪镇的化妆品生产基地。当时，珀莱雅是埭溪镇为数不多的外来投资企业之一，戚斌斌对这家倡行绿色环保、诚信经营的企业颇为重视，在政商"亲""清"的交流中，他和侯军呈的共同话题越来越多。

一心想为埭溪镇谋福利的戚斌斌希望能吸引更多和侯军呈一样有责任心的企业家前来考察投资。侯军呈对埭溪优良的自然环境深有体会，被处处为企业、为民众着想的领导们的真诚所打动，也愿意为这片土地的美好未来尽自己的一份力量。他经常与戚斌斌等人分享自己所知的最新商业信息和企业经营心得。

时至今日，戚斌斌回想起赢得"中国化妆品基地·杭州"选址落户湖州市埭溪镇的经历时，总会感激及时提供信息和帮助的侯军呈。戚斌斌还形象地将这次争取落户选址的过程比喻为"爱情争夺战"，他颇为幽默地说："当时杭州懈怠了一点，我们积极主动了一点。就好像两个男孩子在追同一个女孩子，一个男孩在主动争取，另一个男孩子懈怠了一些，积极主动的男孩子自然就成功了。"

选址事宜确定后，新难题出现在了戚斌斌等人面前。想要让"中国化妆品生产基地"的称号名副其实，他们要做的不仅仅是划出一片工业用地，给出一些优惠政策，更重要的是如何吸引众多化妆品企业入驻并实现持久发展。

戚斌斌在与侯军呈的交往中，学到了不少化妆品行业的相关知识。然而，"术业有专攻"，戚斌斌等人感到仍然不如侯军呈这位化妆品"大佬"对行业的认识深刻。于是，他和埭溪镇政府做出了开创性的举动——聘请侯军呈为总顾问，牵头帮助政府开展招商引资工作。聘请企业家义务做政府顾问，并且长期从事招商引资工作，这种做法在湖州市乃至浙江省都属于开先河之举，但也收到了远超预期的良好效果。

侯军呈听后毫不犹豫地接下了这副重担，将企业交给内弟方玉友打理，自己则全身心投入到埭溪镇，和戚斌斌等人一起在这片热土上再度"创业"。

俗话说"万事开头难"，他们想要在埭溪镇打造出一片化妆品新事业，需要的不仅是魄力、资源，还有科学的战略规划。侯军呈在潜心研究国内外化妆品市场之后提出了建议：在吸引国内知名化妆品企业入驻的同时积极开展海外招商，并且将海外招商引资的重点首先放在韩国化妆品企业群体中。

戚斌斌谈及这个战略性定位时，解释说："之所以将海外招商的第一站放在韩国，是因为韩国的化妆品行业发展比较快。同时，很多韩国化妆品企业希望开拓中国市场。另外，韩国和中国同属于东亚地区，韩国化妆品在肤色等方面更适合中国人使用。"

计议已定，侯军呈将自己与韩国化妆品企业有关的资源全部分享出来，经常和大家一起讨论如何赢得韩企的重视并吸引他们入驻埭溪。自此，戚斌斌开启了陪同侯军呈前往韩国等地招商的旅程。

自2015年起，侯军呈带队逐一拜访韩国知名化妆品企业，向对方讲述埭溪镇愿意在化妆品领域为企业提供诸多便利，并阐述将此地打造成中国最知名的化妆品产业聚集区的宏伟蓝图。即便如此，很多韩企面对中国一个籍籍无名的城镇的招商团队时仍有诸多顾虑。侯军呈并没有气馁，而是和大家一起反复向对方讲述埭溪的优势，并以珀莱雅为例说服对方。

如今，戚斌斌谈及招商之初的事情时仍百感交集，坦言他们吃的苦甚至比一个普通人白手起家创业时还要多。"我们每次去韩国都是马不停蹄的拜访和招商，常常连午饭都顾不上吃，在车上啃个面包就算是解决问题了。"

侯军呈一行在车上吃面包充饥

在戚斌斌的手机中有这样一张照片：韩国的深夜里，他和侯军呈几人在一个加油站旁激情奔跑的场景。

那是 2015 年 11 月份，韩国的天气已有些寒冷，他和侯军呈等人陪客户吃饭应酬后，在回宾馆的路上，路过一个加油站，他们看着这异国他乡的夜晚，想到自己正在为家乡做的光辉事业，一股豪情从内心深处升腾。侯军呈忽然提议："我们一起奔跑吧！看谁跑得快。"

就这样，几个大男人像孩子似的在韩国的道路上拼尽全力奔跑。他们张开双臂，尽情呼喊，一抒心中的豪情。戚斌斌每每回忆此事，就会动容地说："那时，我们心中有一种火热的激情，只有奔跑才能抒发心中的感情。"

2015年在韩国招商留影

在和侯军呈的朝夕相处中，戚斌斌对他的了解日益增多，也越更加佩服他的为人和做事的格局。招商工作从来都不是一件容易的事情，戚斌斌他们经历了无数次碰壁、冷眼和不理解。在大家心情低落时，侯军呈常常鼓励说："只要我们不怕吃苦，认真去做，终究能做成功的。"

有一次，侯军呈和戚斌斌等人聊天时谈及自己的往事，道出了愿意为埭溪无偿付出的心路历程。

穷苦人家出身的他在珀莱雅做大后仍然经常在国内国外奔波考察。有一次，他去韩国考察，早晨在宾馆起床上厕所时不慎引发腰部旧患，巨大的疼痛让他无法动弹，只能打电话叫救护车送往医院医治。后来，他辗转来到上海并聘请最好的医生进行手术治疗。

在护士将他推向手术室的途中，他的内心并没有害怕，而是思索"人活着要那么多钱的意义是什么"。他认为人其实是很脆弱的，财富不应该是一个人唯一的人生目标。康复后，他暗暗发誓不但要做好自己的事业，还要多为社会做贡献。

幸运的是，这次手术非常成功。不久之后，他恢复了健康，但仍心心念要做一些有意义的事情。他认为自己是苦孩子出身，之所以能够拥有现在的一切，除了自己的奋斗，更多的是国家给予的良好创业环境和各种支持。朴实的他一直有一个原则：做人不能忘本，要有报恩之心。自己有了一定的成就之后就要为社会、为地方多做些事情，这才能实现自己的真正价值。

戚斌斌等人至此才走进了侯军呈的内心世界，被他朴实真挚的感情所感动。自此，他以能和侯军呈共事为荣，并将他视为最值得信赖的老大哥。

有一次，戚斌斌在美妆小镇的工作大会上讲话时，曾送给侯军呈十六个字：民族情怀、行业使命、社会责任、家乡情结。

他认为侯军呈不但是一位优秀的民营企业家，还是一个有着极强行业使命感的人，一个甘愿为民族、为家乡奉献的人。他曾对记者说："很多企业老板一心想的是把自己的企业搞好，还有的老板参加一些行业协会的主要目的是扩大自己企业的品牌影响力。但是，侯军呈做这些事情的初衷与他们有所不同，他认为不但要做好自己的企业，还要为这个行业做出贡献。"

从客观上讲，侯军呈帮助美妆小镇引进的企业和他的柏莱雅存在一定的竞争关系，但他并不在意这些。他认为这是"小事情"，他关注的"大事情"是和同行们一起把化妆品产业做大，将民族化妆品品牌做强。

对此，戚斌斌曾感叹地说："'美妆小镇'这四个字已经融入了侯军呈的血液，融入他的骨子里，成为他生命的一部分，所以他才有强大的动力做这件事情。"

除此之外，戚斌斌还非常钦佩侯军呈的超强毅力。他自从答应帮助埭溪发展化妆品行业起，至今已经坚持6年多了，极少有企业家能这么多年坚持如一日地全身心扑到为政府、为社会无偿做事上。

戚斌斌说："我们的主管领导在一轮轮调整、调迁，他说过'我来干'，并已经为这一句话坚持五六年了。"

"美妆小镇在发展中也会遇到很多困难，也有朋友劝我们说，'差不多也开了个头，见好就收吧'，但他不是这样。他并不是为了博得一些掌声，而是要真正把事情做成功。"

筚路蓝缕启山林，栉风沐雨砥砺行。戚斌斌虽然因工作调动离开了美妆小镇，但他永远难忘和侯军呈一起奋斗过的峥嵘岁月，也时时关注着美妆小镇的发展。作为初始"创业"团队核心成员之一的他，看到起步于一纸蓝图的美妆小镇在侯军呈的带领下正迅速走向辉煌，心中充满了欣慰和自豪。

三十一、国际玫瑰文化节

据史料记载，1000多年以前，埭溪镇就是江南知名的海棠花产地。到了明清时期，这里又种植了大片玫瑰花，可见"美"是埭溪千百年来的标签。

如今，在侯军呈的精心运作下，位于埭溪镇的中国美妆小镇又有了两个闪亮的名片——四季玫瑰园和每年一度的国际玫瑰文化节。

当初，侯军呈在为中国美妆小镇绘制未来发展蓝图时，就将其定位为全产业链平台,希望它兼容并蓄,支持美妆产业各个细分领域的发展。自那时起,他就有了为美妆小镇种植化妆品所需植物原料的规划。

季梅是业内知名的"精油女王",长期从事与美妆和精油相关的国际贸易业务,她于2014年收购了拥有116年历史的法国知名香薰品牌Lampe Berger。此后,她一直有一个愿望——拥有一个属于自己的香料植物农场,既可以在忙碌的工作间隙小憩片刻,也能从花园中随意摘取芳香植物进行提炼,促进自己的精油事业再上一层楼。

2016年,在侯军呈的邀约下,季梅带着Lampe Berger品牌入驻中国美妆小镇。在这里,她规划了几百亩玫瑰种植园,聘请了知名设计师设计庄园和房屋的布局,并积极引进世界各地知名玫瑰花品种,比如从日本引进的黑玫瑰,还有花冠向四周蔓延的蔓延玫瑰等。

如今,她的玫瑰园中种植了500多个玫瑰花品种,共9999颗玫瑰树。在她的精心打理下,每到花开时节,四季玫瑰园就变成了一片姹紫嫣红的玫瑰花海,芬芳馥郁的香气沁人心脾,犹如一幅随风飘舞的美丽画卷。

玫瑰庄园

转眼间，到了 2018 年春天，四季玫瑰园即将迎来百花盛开的时节。季梅看着满院的心爱玫瑰，心中萌发出一个大胆的想法：将玫瑰园对外开放，打造一个属于玫瑰花的节日，既能聚拢人气，提升玫瑰园和美妆小镇的知名度，也能让更多喜欢花的人体会到玫瑰园的乐趣。她把这个想法向侯军呈讲述后，立刻得到了侯军呈的大力支持，也得到了管委会主任茅利荣的高度赞同。经过商议后，他们决定组织一次玫瑰文化节，名字就定为中国美妆小镇第一届国际玫瑰文化节，在这个美容美妆的重镇里传播玫瑰文化，播撒崇尚美、追求美的种子。

经过紧张而细致的筹备工作，5 月 20 日，在这充满爱意的日子里，中国美妆小镇第一届国际玫瑰文化节拉开了帷幕。湖州市吴兴区区长陈江，湖州市旅游委员会党组书记、主任干永福，吴兴区政协主席、美妆小镇管委会主任潘华，区人大常委会党组副书记兼副主任、美妆小镇管委会主任茅利荣，埭溪镇党委书记、美妆小镇管委会常务副主任潘鸣等领导与各界代表人士及许多群众参加了开幕式。

第一届国际玫瑰文化节开幕式

在活动中，浙江大学王玮教授发布了四季玫瑰园的种植研究报告，用数据展示了玫瑰在精油含量等方面均达到了优良标准。值得庆贺的是，季梅还与法国百年熏香品牌金伯格签订了合作意向协议。

在这次文化节中还有一个特别令人敬佩的活动项目，那就是中国美妆小镇管委会宣布成立美妆小镇慈善基金，为患有疾病的贫困儿童提供各种帮助。这个消息公布之后，得到了现场人士的热烈支持，侯军呈和季梅更是率先用自己的实际行动支持公益事业。

对于季梅和她的玫瑰园来说，这次活动中还有一件具有里程碑意义的事情：她代表玫瑰庄园与保加利亚玫瑰公司董事长米修签订了战略合作协议，双方将在玫瑰精油提取及相关学术研究等诸多领域展开紧密合作。此前，在侯军呈的介绍下，季梅认识了米修并得到了他在玫瑰种植等方面的诸多指点。如今，他们能够开展更进一步的合作，对季梅的玫瑰精油事业是一个巨大的助力。

我们知道，想做好一件事也许容易，但长期坚持做好同样的事情则很难。第一届国际玫瑰文化节胜利举办后，季梅在举办后续玫瑰文化节中遇到了诸多困难，甚至产生了打退堂鼓的想法。侯军呈得知后鼓励她坚持做下去，并主动帮助她解决各种困难，还拿出一部分资金帮季梅组织各种活动。侯军呈热情而无私的举动温暖了季梅的心，为她解决了很多实际问题，也帮助她坚定了做下去的信心。她以更加饱满的热情投入到国际玫瑰文化节的组织和运作中并取得了巨大的成功。

此后，每一年的玫瑰文化节都有不同的主题，有更加丰富的内涵，其影响力也越来越大。

2019年5月22日，中国美妆小镇第二届国际玫瑰文化节正式开幕。这次文化节受到了浙江省相关部门领导的重视，浙江省文化和旅游厅党组成员、副厅长卢跃东，湖州市吴兴区委副书记、区长陈江，湖州市吴兴区人大常委会党组副书记、副主任、美妆小镇管委会主任茅利荣，湖州市吴兴区副区长朱建忠等参加了会议，这标志着玫瑰文化节已经不单单是埭溪镇的一次文化旅游活动，在浙江省乃至国际美容美妆行业中有了一定的知名度。

2020年6月10日，美美与共·美妆小镇云享荟暨第三届国际玫瑰文化旅游节开幕，来自长三角地区近百位业内人士积极参与了本次活动。在侯军呈和季梅的倾力打造下，这次玫瑰文化节加入了更多生态旅游和时尚因素。他们以玫瑰花为媒，将美妆产业和生态旅游产业完美结合为一体，力争打造出"时尚谷"的全新面貌。这次文化节还邀请网红主播现场直播，数万名线上观众共同参与。在活动中，美妆小镇向大众公布了三条云游路线。其中一条就是时尚美妆线，供追求美的人士在这条旅游线中了解中国的时尚产业，了解美妆小镇的魅力和玫瑰庄园的风采。

2021年4月27日，中国美妆小镇第四届国际玫瑰文化节隆重举行，这次文化节的主题是"你好，中国美"。

湖州市人民政府副市长闵云在开幕式中做了重要讲话，他说："此次国际玫瑰文化节既是文化旅游的一次聚会，也是美妆行业的一次盛会。本届文化节内容丰富、精彩纷呈，阳山'时尚谷'推介、工业旅游路线发布、多个项目签约、美妆直播大赛启动等，让我们看到了小镇生产、生态、生活'三生融合'及产业、文化、旅游、社区'四位一体'的发展理念，也感受到了小镇致力于发现美、创造美和传播美的力量。"

吴兴区文化广电旅游局副局长金加宝还发布了美妆小镇工业旅游路线，围绕美妆主题定位，将产业汇聚、美妆中枢、玫瑰庄园等纳入旅游参观路线，致力于让每一个到访的消费者都能重新了解美妆和美妆小镇；区委常委、镇党委书记程佳作了阳山"时尚谷"推介；市人大教科文卫委副主任委员、美妆小镇管委会主任茅利荣主持了开幕式。

在侯军呈和季梅的携手努力下，中国美妆小镇国际玫瑰文化节已经在长三角地区大众心中、在国际美妆行业同仁中有了相当的知名度。它是中国美妆小镇第一个一二三产联动的成功项目，巧妙地将生态农业、绿色工业和休闲旅游业融汇为一体，形成了一种可持续的绿色发展模式。不仅如此，季梅计划在玫瑰园完成初期运营后，将采用公司加农户的方式动员周边农户一起种植玫瑰，实现家家户户有玫瑰，既扩大了玫瑰生产规模，又为周边农民提供了一个长期稳定的收入来源，还能将埭溪镇打造成为浪漫的"玫瑰小镇"。

第四章　逐梦时光

第四届国际玫瑰文化节

回首来到埭溪镇的这几年经历，季梅心中最感谢的人是侯军呈，正是在侯军呈的邀请和帮助下，她才得以实现自己的玫瑰园梦，也帮助自己的事业更上一层楼。展望未来，季梅对自己的玫瑰事业更加充满了信心，愿意在侯军呈的带领下和中国美妆小镇休戚与共，一起迎接美好的明天。

三十二、邂逅最初的梦想

法国是侯军呈带领中国美妆小镇招商团队海外招商的第一站。当他在法国巴黎卢浮宫向世界化妆品同行宣告自己的行业梦和中国梦之后，各国同行都见证了中国美妆小镇的发展速度，为他的忘我付出而心生敬佩。

此后，欧洲已经成为侯军呈的"福地"，他每年都会多次前往招商。2018年6月1日，侯军呈又一次带领招商团队踏上了奔赴欧洲访问的旅程。这一次，他们将访问保加利亚、西班牙、意大利、法国，拜访各国化妆品行业协会，参观化妆品企业。

侯军呈一行访问的第一个国家是世界玫瑰最大产地保加利亚。他们将在这里探寻化妆品重要原料——芳香植物玫瑰的种植和加工，深入商谈合作事宜。

保加利亚位于欧洲东南部巴尔干半岛，国土面积为11.1万平方公里，人口总量约705万人。保加利亚的玫瑰、酸奶和葡萄是世界知名产品，其玫瑰油产量约占世界总产量的40%，在世界化妆品行业占有举足轻重的地位。

据了解，玫瑰油是制造高级香水及其他化妆品的主要原料。一公斤玫瑰油在国际市场的价格比一公斤黄金还贵，因此它也有了"液体黄金"的美称。保加利亚的玫瑰谷卡赞勒克拥有7000多种玫瑰花，很多国家的化妆品企业都曾经来这里拜访并寻求种植或精油合作。

就在上个月，中国美妆小镇四季玫瑰园的国际玫瑰文化节上，侯军呈、季梅还和保加利亚玫瑰公司董事长米修会面畅谈。半个多月后的今天，侯军呈又带队前来拜访老朋友米修，得到了热情接待。米修向侯军呈等人详细介绍了保加利亚玫瑰业的种植情况，陪同他们参观了种植园和玫瑰加工车间，邀请他参加了颇具保加利亚地方特色的玫瑰节活动。

参观玫瑰种植园

访问期间，侯军呈一行还受到中国驻保加利亚大使馆文化部索菲亚中国文化中心主任屠雪松、保加利亚中国工业发展商会会长 Desislava Doncheva 的接见。他们非常赞赏侯军呈为发展两国经济和文化交流所做出的努力，并祝愿他和中国美妆小镇取得更大的成功。

西班牙是侯军呈团队这次欧洲访问之旅中另一个重要国家。西班牙位于欧洲西南部的伊比利亚半岛，东北部与法国相邻，国土面积50.6万平方公里，人口数量约4735万人。西班牙的国土面积较小，但经济非常发达。截至2020年10月，西班牙经济总量位居欧盟第五位，居世界第十三位。

西班牙拥有仅次于法国化妆品谷的欧洲第二大美妆集群——巴塞罗那美妆集群，该集群涵盖了产品研发、生产制造、品牌包装及营销等领域，有着完善的产业链。

近几年，西班牙和中国之间的经济联系日益紧密，西班牙化妆品也颇受中国消费者喜爱。2019年5月28日，在由商务部和北京市政府共同主办的"2019中国电子商务大会"上，西班牙大使馆经济商务参赞安娜做了题为"海量西班牙品质产品在中国电商的销售"的演讲。

她说："美妆产品是西班牙公司卖得最好的产品，通过跨境电商的平台进入中国。在2018年，西班牙成为中国第六大美妆产品进口国，包括sesderma、ISDIN等西班牙品牌。例如，一个名为MARTI DERM的皮肤护理品牌，在中国线上平台发布之后，在2018年的"双11"期间就达到了800万欧元的销售额。"

由此可见，西班牙化妆品在中国市场中已经取得了一定的成就，但还有更多西班牙化妆品企业有意进入中国市场。侯军呈此行就是拜访西班牙化妆品行业协会，并参观有代表性的化妆品企业，主动搭建中西化妆品行业和产品交流的桥梁，邀请优质企业入驻中国美妆小镇并鼓励他们拓展中国市场。

西班牙化妆品界对抱着善意和合作态度而来的中国美妆小镇招商团队表现出了极大的热情。他们表示愿意与中国同行深入交流、密切合作，也愿意为中国化妆品企业开拓西班牙及欧盟市场尽一份力。

此行中，侯军呈等人在法国还参加了 Oscar Award 颁奖晚会，以及专门为中国美妆小镇举办的中国化妆品市场推介会。在推介会上，侯军呈做了题为"美妆梦铸就中国梦"的主题演讲。他讲述了中国美妆小镇和法国的情缘，介绍了中国美妆小镇的现状和发展前景，特别向法国化妆品行业和企业家领袖们详细介绍了中国美妆小镇为入驻企业所做的服务以及产业优势。他诚邀大家前来中国美妆小镇考察入驻。在这次访问中，侯军呈等人又来到中国美妆小镇的战略合作伙伴沙特尔市香氛学院开展交流活动，受到香氛学院院长雷吉娜·费雷雷的热烈欢迎，双方就进一步加强合作进行了热烈的讨论。

这次欧洲之行堪称收获满满，侯军呈代表中国美妆小镇与世界知名玫瑰产地及欧洲前两大化妆品产业集群均加强了联系，为以后更深入的合作铺平了道路。相信在不远的将来，入驻美妆小镇的欧洲化妆品企业将越来越多，以中国美妆小镇为代表的中国化妆品产业与欧洲同行之间的交流更加密切，有利于双方共同发展。

三十三、对话法国前总理拉法兰

侯军呈自从担任中国美妆小镇总顾问后，每年有大半时间奔波在世界各地。他以远大的抱负及高效务实的作风赢得了许多外国人士特别是法国政商界高层的欣赏。法国总统马克龙先生为他和美妆小镇点过赞，法国前总理拉法兰先生也与他从相识到相知，表达出长久合作的意愿。

拉法兰先生的全名是让-皮埃尔·拉法兰，出生于法国普瓦捷地区，毕业于巴黎大学阿萨斯法学院和巴黎高等商学院。早年当过大学讲师、通信公司总经理等，后来当选法国地区议会议员。2002—2005 年，他出任法国总理一职。

值得一提的是，2003 年，中国出现非典疫情时，拉法兰先生依然如约对中国进行正式访问，成为非典时期首位访华的西方领导人。

2005年4月，他再次对中国进行正式访问时，法国著名报纸《费加罗报》上刊登了他写给一位中国朋友的信。在信中，他热切希望中法之间建立更加亲密的友谊和合作。

2010年，他出版了和夫人共同创作的《中国的启示》一书，在欧美和中国均引起了巨大反响。他和夫人在书中对中国很多领域进行了生动的描绘和通俗易懂的解说，体现了他们对中国和平发展的独到理解，字里行间都洋溢着对中法友好的期望。

拉法兰先生数十年如一日地为法中友好而努力。因此，他也成为深受两国民间和政府都尊敬的人物，被很多人尊称为"中国人民的老朋友"。为了表彰他对中法关系的卓越贡献，国家主席习近平于2019年9月17日签署主席令，授予让－皮埃尔·拉法兰"友谊勋章"。

在国际诸多领域有着巨大影响力的拉法兰先生倘若对中国美妆小镇多加关注，势必有助于侯军呈进一步打开在法国乃至欧美地区招商的新局面。

侯军呈还记得和拉法兰先生第一次会面的场景，那是2016年6月30日，在法国巴黎收藏家酒店会议厅举办的中法青年交流活动。这次交流活动有着高级别的规格，由中华全国青年联合会主办，时任中国国务院副总理刘延东和法国前总理拉法兰先生出席开幕式并接见了侯军呈等优秀企业家。刘延东副总理和拉法兰先生一一与参会人员亲切握手并温言鼓励，然后一起合影留念。刘延东副总理和拉法兰先生的平易近人和鼓励令侯军呈心中非常感动，将招商工作做好的信心更强了。会见结束后，侯军呈趁机与法国相关企业沟通，并积极推进招商事宜。

有道是"有缘千里来相会"。仅仅3个月之后，侯军呈的助理、中国化妆品产业（湖州）投资发展有限公司董事长助理王亚男在参加"第四届中法青年领导者论坛"后，时任国家副主席李源潮在北京人民大会堂会见了法国前总理拉法兰和与会代表们。这是拉法兰先生第二次和中国美妆小镇招商代表会面。侯军呈等人积极进取、勇于开拓的精神给拉法兰先生留下了深刻印象，也使他更加关注正在崛起中的中国美妆小镇的一切变化。

相知无远近，万里尚为邻。追溯往事，杭州和远在地球另一端的法国城市之间有着久远的情谊。早在1998年3月30日，杭州就和法国尼斯市签署了国际友好城市协议，双方正式结为姐妹城市，从此互动频繁。经常访问中国的拉法兰先生考察过中国很多城市，更亲身体会过姐妹城市杭州的美丽和蓬勃商业生机。

2007年的一个秋天，拉法兰先生赴杭州做客，受到时任浙江省委常委、杭州市委书记王国平的接见，双方进行了亲切交流。拉法兰先生细致考察过杭州的方方面面后，认为杭州是一座自然条件优越、充满活力的都市，有着很强的商业吸引力，他愿意推动杭州与法国在经贸、科技、教育、文化等方面的交流与合作。

正是江南好风景，落花时节又逢君。2018年7月10日，拉法兰先生又一次来到了美丽的西子湖畔。他的肩上承担着对接"一带一路"倡议，寻找优秀推进项目，搭建中国与法国贸易桥梁的重任。为此，他还专门与侯军呈相约会面商谈。

拉法兰先生在下榻的杭州洲际饭店与侯军呈进行了第二次会面。他专门听取了侯军呈对中国美妆小镇的介绍，深入交流两国化妆品行业的发展状况。

侯军呈向拉法兰先生介绍，目前中国化妆品市场逐年持续增长，已经成为世界第二大化妆品市场，在国际上的地位越来越重要。其中，中国美妆小镇所在的长三角城市群，2017年全年GDP占到全国GDP总量的五分之一，人均消费水平较高，交通便利，有利于化妆品企业获得更好的发展空间。

侯军呈还借机向拉法兰先生详细讲解了中国美妆小镇的缘起和发展蓝图，以及对外资企业的具体帮扶政策。他希望能够将中国美妆小镇打造成一个优秀的化妆品全产业链平台，并以此走向世界舞台，促使中国化妆品业发展成为世界一流。

会谈后，侯军呈还向拉法兰先生赠送了带有珀莱雅标志的伴手礼，希望他能体验珀莱雅的品牌文化并扩大珀莱雅和美妆小镇的知名度。

听过侯军呈的详细介绍后，拉法兰先生表示，他对中国化妆品市场的认识更加深入，同时他非常欣赏侯军呈的胸怀和为化妆品行业做出的努力，高兴地表示："中法两国贸易非常重要，理解和交流将带给我们更多的可能性。"

拉法兰先生在长期与中国企业家群体的友好交流中感受到了他们与西方同行们不同的特质。2018年7月8日，他在中欧商学院"大师课堂"的演讲中，盛赞中国企业家们独特的领导力，称之为一种"智慧型"领导力，认为他们更像是一位乐队的总指挥，协调帮助集体顺利运转。他站在全球的高度，分享了他对企业家领导力的理解，并将其特质概括为12个词：勇气、创造力、公信力、激情、战略、影响力、关系、执行力、威望、信任、平衡和希望。他的这些智慧结晶是送给所有奋发有为的企业家们最好的礼物，也是对侯军呈恰如其分的勉励和期望。

侯军呈向法国前总理拉法兰赠送礼物

莫愁前路无知己，天下谁人不识君。因美而从业，为美而奋斗，侯军呈在为中国美丽事业拼搏奋斗的历程中得到了越来越多的认可和支持，中国美妆小镇也在这众多的祝福和助力下发展得越来越美好。

三十四、走进东南亚

自美妆小镇诞生至今，侯军呈一直遵守"走出去，展现小镇的魅力；带进来，体现企业的实力"的原则，远赴欧美日韩等发达国家和地区招商引资。同时，他也不忘对新兴市场区域保持高度关注，其中就有我们的近邻东南亚地区。

2018年7月16日，侯军呈带领招商团队开启了前往东南亚招商访问的旅程。东南亚位于亚洲东南部，共有11个国家，年轻人口约占一半，是当今世界上经济发展最有活力和潜力的地区之一。

值得一提的是，自从21世纪初以来，中国和由东南亚国家组成的东盟经济体之间的经济往来日益密切。

2010年中国—东盟自贸区全面建成；2013年10月，中国国家主席习近平在出访东南亚国家期间，提出共建"21世纪海上丝绸之路"的重大倡议，得到东南亚各国的积极响应。

2015年11月，中国和东盟签署了自贸区升级谈判全面结束的成果文件——《中华人民共和国与东南亚国家联盟关于修订〈中国—东盟全面经济合作框架协议〉及项下部分协议的议定书》，标志着双方的经济联系更加紧密，为中国企业进入东南亚市场奠定了良好的政策基础。

如今，中国已经成为东盟第一大贸易伙伴，东盟是中国第三大贸易伙伴。双方的贸易主要集中在物流、建筑、能源、制造业、商业服务等领域，遗憾的是在化妆品领域的贸易和交流仍较少。

据了解，2018年东南亚美容美妆市场规模已经超过1000亿元，预计到

2025年将超过3000亿元，其年复合增长率或高于中国市场。全球化妆品行业均认为东南亚是一个尚待开发的广阔市场，很多国际化妆品巨头已经在布局东南亚市场，力争在这片价值数千亿元的蓝海市场中抢占更多的市场份额。

自从2008年世界经济危机以来，东南亚地区各国经济也出现了一定的波动，但是化妆品市场一直处在快速发展之中。例如，马来西亚从2012年至今，化妆品市场的增长率一直在5%左右，泰国化妆品市场年均增长率在7%左右。这种稳定增长的市场是很多化妆品企业梦寐以求的，自然也引起了侯军呈的高度重视。

侯军呈一行东南亚访问之旅的第一站是俗称"大马"的马来西亚。马来西亚面积33万平方公里，人口约3200多万。马来西亚的经济在20世纪90年代起飞速发展，曾位列亚洲"四小虎"之一，如今拥有着东南亚地区中最具发展潜力的化妆品消费市场。

截止到2018年，马来西亚国内有迪奥、兰蔻、香奈儿等世界知名化妆品品牌，也有一些本土化妆品品牌，但是我国民族化妆品品牌所占据市场份额较小，有很大的拓展空间。

7月16日，侯军呈一行拜访了马来西亚化妆品和制造业相关协会。他们与马来西亚化妆品与盥洗用品协会会长李明纷，FMM马来西亚制造联盟副主席、马来西亚化妆品与盥洗用品协会副会长Chong Song Haw，FMM马来西亚制造联盟秘书长Nor Ainu Abdullah等业内权威人士亲切交流。侯军呈详细介绍了中国美妆小镇的现状和发展前景，和对方深入交流了对中马两国化妆品市场的认识。

交流后，侯军呈代表中国美妆小镇与马来西亚化妆品与盥洗用品协会签署战略合作协议。他们还拜访了马来西亚知名化妆品企业，参观生产基地，并邀请对方到中国美妆小镇实地考察和投资发展。

与马来西亚化妆品与盥洗用品协会签署战略合作协议

7月19日，侯军呈等人挥手告别马来西亚同行后，马不停蹄地赶往出访的第二站泰国。泰国有着得天独厚的植物资源，在化妆品原料种植方面有较多的优势。彩妆在其国内化妆品市场中占据份额较大，也引领了东南亚化妆品市场的风潮。

侯军呈等人受到了泰国化妆品制造协会的热烈欢迎，协会主席 Ketmanee Lertkicha 和副主席 Niphon Phaonimmongkol 亲自接待他们，并表示此前就听闻中国美妆小镇并深感兴趣，非常欢迎代表团的来访。

他们认真听取了侯军呈对美妆小镇的详细介绍以及对中国化妆品市场的分析，他们认为这是泰国化妆品行业了解中国市场的一次良机。交流之后，泰国化妆品制造协会主席 Ketmanee Lertkicha 向侯军呈赠送纪念礼物，双方签署了战略合作协议，承诺将多方面加强交流合作，共同开拓新市场。

第四章 逐梦时光

与泰国化妆品制造协会签订战略合作协议

侯军呈一行还受邀参观泰国本土知名化妆品企业，他们和各家企业负责人、中国地区负责人进行了友好交流。

此时，恰逢泰国香料展开展，展会上汇集了泰国本土及其他国家诸多优秀原料种植成果。侯军呈一行兴致勃勃地参观了展会后，认为中国美妆小镇正致力于打造化妆品全产业链平台，原料种植是其中不可或缺的环节。他们通过访问泰国同行以及参观香料展，对泰国香料种植业的市场现状有了更深入的了解，对中国美妆小镇在香料种植领域的规划大有裨益。

侯军呈一行访问的第三站是越南。越南国内年轻人口数量庞大，经济增长速度较快，有着广阔的化妆品市场发展前景。同时，越南有较多化妆品特色原料种植优势，但是在精加工及本土化妆品制造企业方面尚比较薄弱。因此，欧美日韩等化妆品企业都争相抢占这个尚未充分开发的市场，力争为旗下化妆品打开销路。

7月23日，侯军呈一行人首先拜访了越南精油香薰治疗和化妆品协会。在交流中，侯军呈向协会主席 Nguyen Van Minh 博士等负责人详细讲述了中

141

国美妆小镇的优势及发展前景，并共同探讨了世界化妆品市场现状，分析未来市场的发展趋势。

双方经过友好而深入的交流后，举行了一场重要的签约仪式。侯军呈代表中国美妆小镇，与越南精油香薰治疗和化妆品协会主席 Nguyen Van Minh 博士共同签署了战略合作协议。双方在未来发展原料种植、企业贸易交流等领域达成了一致，愿意携手共同打造世界美妆新格局。

与越南精油香薰治疗和化妆品协会签订战略合作协议

签约仪式之后，侯军呈等人受邀访问越南当地知名化妆品企业，并代表中国美妆小镇欢迎越南同行入驻，共同发展。

侯军呈等人东南亚之行的最后一站是有着"千岛之国"美誉的菲律宾。菲律宾国土面积 29.97 万平方公里，人口 1 亿多。国家经济底子较薄，但发展速度较快，国内化妆品市场前景可期。菲律宾的国花就是重要香料植物之一的茉莉花。菲律宾化妆品市场中，有相当多份额的产品来自进口，目前是世界知名化妆品品牌重点关注的国家之一。

侯军呈等人拜访了菲律宾化妆品工业协会主席 Emilio L. Virtudes。双方经过坦诚而友好的交流后签署了战略合作协议，商定双方将在企业交流、进出口渠道、数据分享等领域紧密合作，致力于打造化妆品行业世界化新格局。

与菲律宾化妆品工业协会签订战略合作协议

在实地考察中，侯军呈了解到东南亚各国的化妆品市场由于国情、宗教文化等因素影响，有着与我国明显不同的特点。例如，体现出文化多样性，消费者购买行为有较明显的地区偏好，清真化妆品深受欢迎，男性护肤品的增长率较高等，这些都成为他和中国美妆小镇制定发展战略的重要参考因素。

在短短 10 多天时间里，他带队访问了东南亚地区有代表性的四个国家，并签署了一系列合作协议，为中国美妆小镇乃至中国化妆品进入东南亚市场做了重要铺垫,也为中国美妆小镇引入东南亚化妆品企业,以及双方在化妆品原料等领域的合作奠定了良好基础。这标志着中国美妆小镇在东南亚地区化妆品领域有了新的战略方向。

一花独放不是春,万紫千红春满园。正是由于侯军呈一次次不远千山万水奔赴各国,主动拜访行业协会,用他的真诚和广阔的中国市场前景说服了一家家企业领导者,给中国美妆小镇带来了今天傲人的成绩。

三十五、泊诗蔻入驻

侯军呈为中国美妆小镇招商奔波过程中,在力争引进国际一线知名品牌入驻的同时,也时时关注国际市场上品质过硬、声誉良好的高端小众化妆品品牌。他希望在美妆小镇这个中国最有实力的化妆品产业平台上聚集更多的各国优秀品牌,帮助它们更好地开发中国市场,与它们携手共同壮大。这其中,英国皇室轻奢品牌泊诗蔻就是一个典型代表。

在侯军呈的力邀下,泊诗蔻品牌的中国区运营负责人、杭州莱玛化妆品有限公司董事长唐芬芬及总经理方杭波数次实地考察中国美妆小镇,并和侯军呈及管委会领导们深入交流。在交往中,他们被侯军呈的热忱和美妆小镇的营商环境及前景所吸引。经过慎重考虑后,他们决定入驻中国美妆小镇。

2018年8月31日,泊诗蔻入驻中国美妆小镇的签约仪式在小镇管委会举行。吴兴区人大常委会党组副书记、副主任、美妆小镇管委会主任茅利荣,埭溪镇党委书记潘鸣,杭州化妆品行业协会秘书长傅狄忠,化妆品产业(湖州)投资发展有限公司董事傅汉江及杭州莱玛化妆品有限公司董事长唐芬芬、总经理方杭波等出席了签约仪式。

这时,引导泊诗蔻和美妆小镇牵手的"红娘"侯军呈却依然在外奔波,没能及时赶回参加签约仪式。但是,侯军呈的内心和签约现场的人们一样激动和兴奋,都在为中国美妆小镇引入了又一家国际知名化妆品品牌而感到高兴。他还专程发去了祝贺信息，祝愿泊诗蔻日后在中国美妆小镇的支持下越做越强。

泊诗蔻签约入驻

签约仪式中，唐芬芬高兴地表示，入驻中国美妆小镇是泊诗蔻品牌在中国市场中的一个重要战略举措，期盼在将企业做大的同时为美妆小镇争光。唐芬芬和方杭波还代表泊诗蔻与美妆小镇签署了《美丽公约》，郑重承诺在美妆小镇的生产经营活动中坚持保护当地生态环境，致力于协助打造化妆品全产业链绿色平台，并反对一切以破坏生态环境为代价的生产行为。

这次签订入驻合约和《美丽公约》是泊诗蔻对中国美妆小镇美丽事业的信任，也是他们积极保护埭溪镇美丽生态环境的体现，更是双方签订的一个关于尊重美、呵护美的庄严约定。

据了解，泊诗蔻计划在美妆小镇投资3500万美元，建设占地37亩的生产工厂。他们将购置安装真空乳化锅、全自动膏体灌装机等国际一流化妆品生产设备。工厂投产后将形成年产 1000 万瓶各类化妆品的生产能力。预计实现年销售收入至少 2 亿元，利税 5400 万元以上。

杭州莱玛化妆品有限公司是英国莱玛美妆集团全资子公司，是一家专业从事化妆品生产的企业。杭州莱玛化妆品有限公司与美国旧金山 Icebox、纽约 Benevolent Beauty 以及中国浙江大学国家实验室三大研发中心深度合作，为研发新产品提供强大的技术支持。

泊诗蔻美妆小镇厂房

关于泊诗蔻的诞生，还有一段美丽的传奇故事。在 20 世纪 90 年代，英国知名化妆品专家 Sean O'Mara 在一次偶然的机会，发现了一本失传多年的英国 18 世纪宫廷药剂师手札，手札中记载了一种迷人香水的制作配方。他对其进行了深入的研究，并于 1999 年创立了泊诗蔻品牌。产品一经问世就受到欧美人士的热烈追捧，成为英国著名的皇家轻奢化妆品品牌。如今，泊诗蔻已经成为欧美化妆品市场中发展最快的护肤品和香水品牌之一。2017 年，泊诗蔻正式进入中国市场，也受到了很多时尚和美妆人士的青睐。

泊诗蔻能取得如此巨大的成就和其创始人 Sean O'Mara 定下的"期盼在花香弥漫中与你相见"的浪漫品牌理念密不可分。他主张从英国传统文化中汲取灵感，将香氛美学艺术与植物护肤理念完美结合，从大自然中萃取植物的活性成分深层滋养皮肤，令人在芬芳与愉悦中奢宠美肌。

如今，泊诗蔻已成为英美国家市场中发展最快的护肤和香水品牌之一。2020 年，泊诗蔻旗下产品的全球销售额超过 5 亿美元，其中中国地区销售额达 2 亿元。不仅如此，2020 年，泊诗蔻护手霜单品在中国市场的细分品类中全网排名第三，并铺设线下销售渠道超过 1000 家，成为护肤界当之无愧的一匹黑马。2021 年 4 月 16 日，第九届中国国际美尚博览会开幕，并将"2020 年度黑马品牌"奖项颁给了泊诗蔻。

桃李不言，下自成蹊。看到泊诗蔻取得如此惊人的成就，侯军呈心中非常欣慰，为自己独到的眼光而自豪，也为能帮助一个优质品牌在美妆小镇发展，在中国化妆品市场快速发展而感到骄傲。其实，在侯军呈的战略规划中，类似泊诗蔻的品牌还有很多，相信它们在不远的将来都能在美妆小镇这个平台上百花齐放、同台争艳，为中国化妆品市场的繁荣做出最大的贡献，想必这也是它们对侯军呈最好的回报。

三十六、相聚宝岛，畅谈美妆

转眼间，2018 年已接近尾声。侯军呈在这一年中奔波于世界各地，为中国美妆小镇的发展尽心竭力，取得了一个又一个收获，但他没有一刻放松休息的时间。

12 月 4 日，2018 年"亚太科技智慧美业高峰论坛"在中国台湾地区召开。中国美妆小镇是这次高峰论坛的战略合作伙伴，侯军呈作为美妆小镇的代表受邀参加论坛并在论坛上和与会者们热情讨论，共同总结了这一年化妆品行业发展状况，对行业的未来进行大胆而美好的畅想。

这次高峰论坛是由中华全国美容美发化妆品协（商）会联盟、中国医疗保健国际交流促进会亚健康专业委员会及台湾地区化妆品 GMP 产业发展协会联合主办。会议邀请了大陆及台湾地区的美容美发化妆品行业协会商会以及一部分优秀美妆企业。

据了解，台湾地区化妆品 GMP 产业发展协会是台湾地区的一家老牌产业协会，旗下有 200 多家会员企业。它常年为促进台湾地区和大陆的化妆品行业交流而奔走，拥有较大的影响力。这次参与主办高峰论坛也是为了促进海峡两岸同行的交流，增加合作机会。

中华美容美发化妆品协（商）会联盟由各省级协（商）会组成，是中国最具影响力的美妆协会之一，也是沟通业内人士和政府之间的桥梁和纽带。自成立以来，它始终致力于发展美容美发化妆品行业，并积极研究行业的发展趋势，为政府的决策提供依据。每年他们都会组织和参与化妆美妆行业的各种学术大会、讲座、展会等活动，推进了中国化妆品行业的发展，也促进了中国和世界化妆品行业的交流。

侯军呈认为，这次高峰论坛汇聚了美妆行业协会重量级人物及美妆企业负责人，规模较大，产生的影响力也非同一般。这正是他借此平台介绍中国美妆小镇并招商引资的一次良机。因此，他放下手头的诸多事情，飞往祖国的宝岛台湾积极参加会议。

在高峰论坛上，侯军呈以"回首 2018，展望 2019"为主题做了讨论发言。他在发言中向与会嘉宾重点介绍了中国美妆小镇的情况，讲述中国美妆小镇管委会采取政策支持、协会帮助等方式为入驻企业提供的诸多帮助。如今，中国美妆小镇一期入驻企业已经达到四十余家，涵盖了化妆品全产业链以及文旅领域。美妆小镇二期开发新蓝图已经发布，将加强美妆产业在中国美妆小镇的聚集力度，为打造中国的"格拉斯"而奋斗。

侯军呈提到，随着中国进出口贸易的增加，化妆品产业所面临的挑战与机遇也在上升。相信在新的一年里，化妆品产业将会迎来新的发展。中国美妆小镇也将更用心打造全产业链平台，热情服务海内外优秀化妆品企业，共同实现美妆梦。侯军呈的发言赢得了与会人士的一致好评，更有不少化妆品企业对入驻中国美妆小镇产生了浓厚的兴趣。

侯军呈发言

　　侯军呈是一个愿意与大家共同分享机遇和荣耀的人。作为这次高峰论坛的合作伙伴，侯军呈代表中国美妆小镇邀请了马来西亚化妆品与盥洗用品协会会长李明纷女士参与论坛。侯军呈曾多次与李明芬女士互动交流，并促成了中国美妆小镇与马来西亚化妆品与盥洗用品协会的战略合作协议。双方在很多领域已经展开了密切合作，侯军呈邀请李明纷女士参与这次论坛就是为了将机遇分享给合作伙伴，帮助她更好地了解亚太地区美业的发展状况，为马来西亚优秀化妆品企业进入中国市场打下基础。受到侯军呈的邀约后，李明芬女士很感谢侯军呈带来的机会，也更深刻地体会到了侯军呈博大无私的胸怀，对和中国美妆小镇的合作有了更大的信心。

这次高峰论坛是侯军呈提高中国美妆小镇知名度的一次机遇，也是他在亚太美妆行业同仁面前为中国美妆小镇做的年度总结汇报，让大家看到了中国美妆小镇的建设成就，也看到了小镇的美好未来，增加了大家对美妆小镇的了解和合作兴趣。可以说，每一次行业高端会议都有侯军呈介绍中国美妆小镇的身影，这正是美妆小镇在短短几年中就能闻名世界美妆业的重要原因之一。

三十七、来的都是客

2018年12月8日，侯军呈正出差在外忙于招商工作时，中国美妆小镇迎来了入冬后的第一场瑞雪，也迎来了一行尊贵的客人。他们是由中国美容美发行业协会会长唐德高带队的庞大考察团，考察团的成员由全国各省市美容美发行业协会负责人组成，其中很多人对中国美妆小镇早有耳闻，这次是抱着强烈的好奇心随团前来了解美妆小镇的。

考察团合影

对中国美妆小镇来说，这次考察团的到来有着特殊的意义，其重要性不亚于欧美国家美妆行业代表团来访。

自从美妆小镇的前身湖州化妆品生产基地诞生以来，侯军呈和招商团队始终在主动拜访国内外各个行业协会，向前辈们取经的同时积极招商引资。他们在一穷二白的基础上逐渐找到了适合自己走的方向，完善了产业发展理念，形成了特有的发展模式，并以极快的速度壮大实力。他们吸引了众多优秀化妆品企业入驻，也与日本、韩国、法国、西班牙、保加利亚、泰国、马来西亚等国家的化妆品行业协会签订了战略合作协议，极大地提高了中国美妆小镇在国际行业中地位。

但是，中国美妆小镇在国内同行们的眼中仍属于新晋势力，它的发展速度之快令人目不暇接。如今，唐德高带领中国美容美发行业协会及下属省市分会集体出动前来中国美妆小镇考察，这种行为本身就是对侯军呈和美妆小镇管委会这几年来取得成就的肯定，也表明中国美妆小镇在很多方面已经走在了国内同行们的前列。

考察团成员们兴致勃勃地参观了美妆小镇的建设成就，还来到珀莱雅化妆品有限公司的生产车间观看了国际一流自动化化妆品生产设备的生产过程，对其高效而环保的生产效率称赞不已。在座谈会中，侯军呈的助手，化妆品产业（湖州）投资发展有限公司副总经理王亚男向考察团成员们详细介绍了中国美妆小镇诞生的过程。她表示，中国美妆小镇的建设是为了响应国家建设优秀特色小镇的号召，得到了全国各地化妆品行业协会的大力支持，对此表示非常感谢。

美妆小镇的追求是在发展中坚持打造优质全产业链平台，吸引国内外优秀企业入驻，并为其做好服务工作，以共同实现化妆品行业的"中国梦"。美妆小镇的运作模式也颇具特色，是"政府+公司+基金"的方式，注重在政府支持的基础上以产业为主导，以资本为助力，结合互联网要素的"四位一体"运作机制，这也是美妆小镇得以快速发展的重要原因。

考察团成员们听过王亚男的讲解后进行了热烈讨论，他们惊叹于中国美妆小镇的发展速度和成就，也表示作为后起之秀的美妆小镇有很多值得大家学习的地方。

在侯军呈和王亚男的眼中，中国美容美发行业协会这次访问考察是一种认可，也是一种鞭策，激励着他们继续砥砺前行，争取更大的成绩。同时，它又是一种美妆小镇得到国内行业高度认可的标志。此后，主动拜访中国美妆小镇的国内行业协会越来越多，双方之间的交流也更加频繁。中国美妆小镇的实力和发展理念得到了更广泛认可，更多的合作邀约也纷至沓来。据不完全统计，从2018年12月至2020年12月，中国美妆小镇和国内其他省市美妆行业协会的有代表性的战略性合作就有如下几个：

2019年7月25日，为了响应"长三角"一体化区域发展战略，上海日用化学品行业协会与中国美妆小镇正式签订战略合作协议。双方将搭建有效合作平台，打造双赢、可持续发展的战略合作伙伴关系，以促进中国日化行业发展与交流，为两地日化行业企业间的资源整合搭建桥梁。

上海日用化学品行业协会与中国美妆小镇签订战略合作协议

2019年12月4日，中国美妆小镇战略合作伙伴山东省日用化学工业协会的成员企业在会长吕建伟的带领下到访考察，并进行了热烈友好的交流互动。双方探讨了进一步加深战略合作的事宜，期望在未来能有更多的合作项目。

山东省日用化学工业协会成员到访考察美妆小镇

2020年11月11日，中国美妆小镇与上海东方美谷签订区域战略合作协议。东方美谷的优势在于产品研发和线下销售，中国美妆小镇的优势是生产加工和线上销售，双方的合作能产生极大的互补效应。未来，双方将开展全方位、宽领域、多层次、全覆盖的产业合作与互补，建立化妆品行业上下游产业链的交流合作机制，推动长三角美丽健康行业一体化发展。

从美丽事业到共同富裕

美妆小镇与东方美谷签订区域战略合作协议

第五章 小镇故事多

第五章 小镇故事多

三十八、市长和小镇

中国美妆小镇的开发建设是吴兴区新时代开发建设的一项重要选择，也是湖州市发展经济的一个重要选择。侯军呈知道自己是在义务给政府打工、贴钱做行业的"店小二"，但他还是非常感谢湖州市和吴兴区党政领导对中国美妆小镇的关心和支持。他常说，如果没有当地政府领导的重视，也就没有自己在中国美妆小镇的事业。

2019年1月7日，新年的台历刚刚翻开几页。湖州市委副书记、市长钱三雄又一次来到埭溪镇专题调研中国美妆小镇工作并主持召开座谈会，帮助中国美妆小镇破难题、助赶超。

2019年1月7日钱三雄市长到访美妆小镇

钱三雄在调研时指出，市、区两级要加大对美妆小镇的支持力度，尤其是埭溪镇要牢固树立"以小镇实质性进展论英雄"的理念，集中精力在招引高质量项目、完善基础设施配套、提升平台能级等关键领域做文章；要聚焦特色小镇建设、万亩千亿大平台打造、以大项目为引领的产业集聚、城镇基础设施配套建设等四个层面，把好基础设施建设和项目招引入驻两个"门槛"，把小镇建成产业中心、展示中心、销售中心、研发中心。

钱三雄强调，市、区两级有关部门要解放思想，在事项审批、工程验收、资源要素配置等方面为美妆小镇建设开辟绿色通道。埭溪镇要专注于美妆小镇建设，发扬吴兴区"二话不说、干了再说"的务实精神，把项目招引落地作为首要任务，扎扎实实做好企业服务、环境优化等基础工作，推动小镇加快发展，为全市经济加快赶超作出应有的贡献。

调研期间，钱三雄市长带领副市长项乐民、市政府秘书长徐晏平、市政府副秘书长丁泉观等领导召集市发改委、市自然资源和规划局、市财政局、市交通局等主要负责人，吴兴区领导吴智勇、陈江、茅利荣以及埭溪镇主要领导，专题研究美妆小镇建设有关问题，形成专题会议纪要，明确了有关事项：

一、关于土地指标。对今年美妆小镇项目建设中存在的493亩土地指标缺口，市区以1∶1的比例给予支持。

二、关于矿产资源开采。对于埭溪镇美妆小镇范围内的废弃矿地利用场平工程，其上交的矿产资源出让金，市区两级留存部分全额奖励给埭溪镇专项用于美妆小镇建设。开采出的矿石和渣土用于美妆小镇建设，多余部分用于市本级范围内政府性工程项目。

三、关于配套基础设施。吴兴区在已有各项扶持政策的基础上，自2019年起，再给美妆小镇每年1000万元的基础设施配套财政支持经费，为期三年。

四、关于重点项目申报。市发改委要与省级部门做好协调对接，指导美妆小镇项目申报省重大产业项目和省重点项目，全力争取土地指标。

侯军呈看在眼里、记在心中。在他的记忆里,钱三雄自2017年2月出任湖州市市长起,直到2019年12月调任河北。期间,他每半年就要到中国美妆小镇现场办公,帮助解决发展中遇到的难题。

2017年6月21日,钱三雄市长和副市长李上葵带领市经信委等相关部门负责人来到埭溪镇,专题调研美妆小镇建设情况并召开座谈会。钱三雄认真听取了中国美妆小镇的建设情况和项目推进中亟须解决的困难,与相关职能部门逐一分析研究,探讨解决问题的方案和路径,现场给予答复。钱三雄市长对美妆小镇的支持力度之大、工作效率之高,完全出乎侯军呈和与会的吴兴区委书记吴智勇、区长陈江等领导的意料。

2017年6月21日,钱三雄市长考察美妆小镇

钱三雄市长在座谈后对中国美妆小镇的发展提出了三点要求:一要以产业为中心,加大招商引资、项目推进力度,努力做成湖州发展的新支柱,要坚持"绿水青山就是金山银山"的发展理念,着力打造"美妆"这一新兴产业;二要以品味为要求,加大各类中心、投资服务、配套设施、特色街区等建设,完善配套功能,提高小镇品位,做到真正留得住人;三要以全力为标准,市区两级各部门要努力在平台拓展、指标保障、相关审批、财政支持、

人才引进等方面全力以赴地给予支持。

这三点要求对侯军呈和中国美妆小镇是多大的鼓舞啊！它鼓励着侯军呈和中国美妆小镇团队切实做到"靠前站、马上办、讲实效"，全力推进"征地拆迁提效、基础设施提升、招商引资提质、项目推进提速"四大重点工作，确保中国美妆小镇建设"见型见效"。

2018年7月16日，湖州市市长钱三雄、副市长施根宝一行，在吴兴区委书记吴智勇、副区长傅远超等陪同下再次到中国美妆小镇调研。这一次，他实地察看了老虎潭水库大坝和水库运行、水源保管情况，参观了四季玫瑰庄园。强调要继续加大招商力度，引进带动力比较强的项目，带动周边村民就业、增收，推动当地发展；要加快平台拓展速度，特别是中保玫瑰园项目，突出以农民增收为核心，家家户户种植玫瑰，从点到面，将玫瑰产业链的延伸开发作为推进乡村振兴战略实施的突破口。

2018年7月16日，钱三雄市长调研美妆小镇

钱三雄市长的调研目标很清晰，重点很突出。

2019年6月27日，钱三雄市长带领副市长项乐民、市政府秘书长徐晏平再次来到中国美妆小镇。这一次，他来参加中国美妆小镇重点项目集中开工仪式。那天，中国美妆小镇集中开工的 8 个重点工业项目，产业层次高、投资规模大，将有力地带动美妆产业集聚、集约、集群发展，总投资达 41.07 亿元。侯军呈看到钱三雄宣布项目开工时脸上洋溢着愉悦的笑容，他知道，市长和他们在一起，共同为中国美妆小镇的建设出力，为中国美妆小镇的发展开心。

2019 年 6 月 27 日，钱三雄市长参加美妆小镇重点项目集中开工仪式

2019 年 9 月 18 日，钱三雄市长带领市政府秘书长徐晏平到中国美妆小镇调研项目竣工情况。他们先后深入到湖州御梵化妆品科技有限公司、衍宇化妆品包装材料（湖州）有限公司、韩佛化妆品（湖州）有限公司车间，看产品、问经营，详细了解项目的运营投产情况，鼓励企业坚定发展信心，加快项目"投产""达产"。要求各部门以"三服务"为抓手主动对接，切实解决企业发展中遇到的困难和问题，帮助企业做强做大，推动湖州实现高质量赶超发展。

2019年9月18日，钱三雄市长到美妆小镇调研项目竣工情况

侯军呈正是在钱三雄市长这样的各级领导关心、支持和鼓励下，带领团队大胆开拓创新，克服无数困难，以甘做行业"店小二"的情怀为中国美妆小镇忙碌着。

三十九、乡村振兴十大影响力人物

2019年的春节越来越近了，侯军呈依然在为中国美妆小镇的发展忙碌着。1月14日至18日，侯军呈带领招商团队奔赴韩国开启了新年第一场国际招商。

在韩国，侯军呈一行拜访了大韩化妆品协会、韩国优秀化妆品企业、韩国美容博物馆、韩国光州女子大学等，为新的一年里中国美妆小镇在产学研多方面的发展打下了坚实的基础。

侯军呈赠予大韩化妆品协会会长李明揆礼品

在访问中，侯军呈等人还受邀参加了由中国美容博览会（CBE）、泰国美容展 Beyond Beauty Asean Bangkok（BBAB）联合主办，韩国展览公司 KOECO 承办的"CBE 世界行韩国站"活动。

这些年来，中国美容博览会（CBE）从早期以国内美容展为主向国际性展会大踏步发展，已成为享誉全球的第一大化妆品产业链平台。中国美妆小镇作为中国美容博览会（CBE）优秀战略合作伙伴，也通过该平台，选择占据亚洲护肤品市场主流地位的韩国为 2019 年招商首站，强力携手"东南亚走廊"国家——泰国，紧抓时代风云变幻之契机，产业更迭之机遇，致力于参与构建亚洲美妆市场新格局。

1月22日，农历春节的年味越来越浓了。侯军呈和中国美妆小镇管委会主任茅利荣、常务副主任厉云燕、副主任彭建国及埭溪镇班子成员，与中国美妆小镇入驻企业代表一起座谈迎春，共商发展大计。

座谈会上，入驻企业代表们畅所欲言，对中国美妆小镇的发展提出了很多宝贵意见和建议，同时也说出了在项目推进过程中遇到的困难。侯军呈和与会领导们一一记下企业代表们遇到的困难，表示尽快协调解决，帮助企业发展。

侯军呈还表示，中国美妆小镇将是一个全产业链平台的化妆品产业高地，"美妆梦"的实现离不开在座企业家的共同努力，希望所有入驻中国美妆小镇的企业代表发挥自身优势，以商引商，招引国内外优秀企业入驻小镇。

2月12日，农历正月初八，湖州市委、市政府在湖州大剧院召开了"湖州加快打造美丽宜居城市暨'三服务'活动推进大会"。大会全面部署加快打造美丽宜居城市等重点工作，通报了"金象金牛"企业、纳税大户企业等优秀企业，表彰了重大中心工作先进集体、先进个人等，号召全市上下学习先进、争当先进，为加快高质量赶超营造创先争优的良好氛围。中国美妆小镇总顾问、珀莱雅化妆品股份有限公司董事长侯军呈荣获"2018年乡村振兴十大影响力人物"，中国美妆小镇管委会荣获"湖州市招商引资先进集体"。

侯军呈荣获湖州市2018年乡村振兴十大影响力人物

侯军呈作为中国化妆品行业领军人物、上市企业珀莱雅的创始人，从企业落户埭溪镇那一刻起，便将自己的"美妆梦"与中国美妆小镇的发展紧密连在一起。他带领中国美妆小镇招商团队远赴海内外多个国家和地区拜访行业协会，走访优秀企业，把中国美妆小镇最好的一面展示给世界，将优秀化妆品企业引进小镇，为埭溪镇脱贫致富，进而发展成为化妆品产业重镇做出了有目共睹的贡献。他以永不服输的"追梦人"精神，用实际行动让"美妆梦"在中国美妆小镇这片土地上梦想成真，成为上下一致公认的"乡村振兴十大影响力人物"。这是一种荣誉，更是对他这种追梦精神的认可。

一周后，在中国美妆小镇所在的埭溪镇 2019 年乡村振兴暨美妆小镇"三大重点行动"部署大会上，化妆品产业（湖州）投资发展有限公司被授予"中国美妆小镇突出贡献奖"，侯军呈的努力再次获得高度认可。

追梦赶超最荣光。再远的路，奋力奔跑者都有到达的那一天；再高的山，勇于追梦者都有登顶的那一刻。新的一年，侯军呈和中国美妆小镇团队决心围绕"美丽产业、美丽环境、美好生活、美好形象"的总目标，不忘初心、砥砺前行，在"追梦"的路上绽放美丽的激情之花，持续打造化妆品全产业链优秀平台，实现美妆行业的"中国梦"。

四十、与世界同行共舞

2015 年 10 月 18 日，侯军呈曾在法国巴黎卢浮宫向世界坦言，要在中国湖州建设一个全新的、世界级的中国化妆品产业集聚地，全面提升中国化妆品产业的整体水平，并为世界上所有有梦想的化妆品企业提供一个创业和发展的高水准平台。为此，他一直努力与世界化妆品同行共舞，推动自己的"美妆梦"。2019 年 3 月，他的行程足迹就见证了他的努力。

2019 年 3 月 6 日，由泰国商务部 DITP 主办的曼谷中草药化妆品展会隆重开幕。有数百家泰国本国优秀中草药化妆品企业参展，还有来自世界各地的化妆品企业及协会的积极参与。为了让参展企业与巡展企业更好地交流互动，展会特别设置了 B2B 会议环节，让各国化妆品企业面对面深入探索合作需求。应泰国领事馆商务处的邀请，侯军呈带领中国美妆小镇和杭州化妆品协会会员企业联合组成访问团前往参展并进行 B2B 会议对接，有效满足了企业深入合作的需求，仅当天对接的行业企业就近 50 多家。

  3 月 7 日至 8 日，侯军呈和联合访问团拜访了泰国化妆品制造协会及部分泰国化妆品企业，这是联合访问团深入了解泰国行业的一次重要活动。泰国化妆品制造协会负责人介绍了协会架构并与访问团座谈，希望借助中国美妆小镇这一成熟的行业平台搭建两国行业协会的交流互动，开拓国际贸易渠道，让企业间、协会间互利互赢。随后，联合访问团应邀参观了几家泰国本土优秀化妆品企业及知名草本香料会馆，并做了深入的互动交流。

中国美妆小镇和杭州化妆品协会赴泰国参展

  自 2018 年 7 月中国美妆小镇总顾问侯军呈带队首次访问泰国化妆品制造协会并签约至今，泰国化妆品制造协会在"化妆品行业领袖峰会""多国企业 B2B 会议"等活动中与中国美妆小镇交流频繁，双方在互动中逐渐建立了坚实的合作基础。通过这次拜访，大家进一步认识到在国家大力倡导"一带一路"合作框架的今天，借助中国美妆小镇开创的国际渠道可以了解更多国外优秀化妆品企业，帮助中国企业走上国际化发展的道路，共同实现"美妆梦、中国梦"。

从泰国回来，侯军呈又匆忙踏上飞往意大利的航班。3 月 14 日，侯军呈带领中国美妆小镇招商团出现在 2019 年度意大利博洛尼亚国际美容展开幕式上，向参展客商介绍入驻中国美妆小镇的企业和小镇后期发展规划方案。

3 月 16 日，中国美妆小镇联合意大利化妆品协会在博洛尼亚国际美容展现场举办了中国化妆品主题推介会。侯军呈和意大利化妆品协会主席 Renato Ancorotti 分别进行了专场主题发言。

意大利化妆品协会主席 Renato Ancorotti 与侯军呈合影

侯军呈在欢迎致辞中介绍了中国美妆小镇发展至今,通过与世界各国多家协会及企业的良好合作,逐渐成长为全球化化妆品产业链集群的历程,分析了目前中国化妆品市场的巨大潜力,希望更多海外企业进驻中国美妆小镇发展,更希望入驻企业能在中国美妆小镇平台上与世界各地的企业交流合作,互利共赢。

意大利化妆品协会主席 Renato Ancorotti 在发言中对中国美妆小镇参展及举办推介会表示热烈欢迎。他说,随着中国经济的迅速发展,中国化妆品市场的重要性日益显现,越来越多的意大利企业渴望进入中国市场。2018年11月,中国美妆小镇和意大利化妆品协会签订了战略合作协议。双方就化妆品产业、行业规章制度和市场趋势三方面达成信息互通,这是双方合作的起点也是机遇。此次,双方联合举办推介会就是为了让更多优秀企业深入了解中国化妆品市场,了解中国美妆小镇,期望双方在未来有更好的合作。

2019年意大利博洛尼亚美容展有27个国家的2900多家参展商参加,观展人数多达26万多人次。中国美妆小镇在展会期间举办的推介会吸引了英国化妆品协会商务处处长 Debbie Hunter、展会英国馆负责人 Michelle Prater 等来自世界各地50余家企业及行业协会参加,取得了显著的成果。

在意大利博洛尼亚美容展行程结束后,侯军呈和中国美妆小镇招商团队马不停蹄地前往西班牙和瑞士走访。

3月17日,侯军呈和中国美妆小镇欧洲招商团队受邀拜访了西班牙化妆品协会。2018年,中国美妆小镇主办第四届"化妆品行业领袖峰会"期间,西班牙化妆品协会国际事务总监 Susana Arranz 曾到会做了西班牙化妆品市场分析报告。这次,侯军呈带队拜访西班牙化妆品协会,希望双方建立战略合作伙伴关系,加强两国协会(企业)间的交流互动,促进化妆品产业、行业规章制度和市场趋势三方面的信息互通。

在西班牙化妆品协会,宾主双方展开友好交流,正式签订了战略合作协议。

侯军呈和中国美妆小镇招商团队还在协会负责人陪同下参观了两家西

班牙本土化妆品生产企业。

与西班牙化妆品协会签订战略合作协议

在西班牙期间，侯军呈和中国美妆小镇招商团还应邀访问了巴塞罗那美妆集群，参加了 Infarma 展会。Infarma 展会是专业的药妆类产品展，汇集了众多欧洲大牌。侯军呈在展会上走访了多家展位，和参展商进行了深入沟通，向他们介绍中国美妆小镇的定位和发展前景，希望更多优秀的欧洲药妆品牌通过中国美妆小镇进入中国市场。

在瑞士，侯军呈和中国美妆小镇招商团队拜访了瑞士化妆品协会，向协会理事会成员介绍了中国化妆品市场及中国美妆小镇，并和当地化妆品企业进行了深入的座谈交流。

3 月 27 日，侯军呈赶回杭州，参加 2019 年韩国全罗南道—湖州美妆小镇经贸合作洽谈会。

洽谈会与会人员合影

  在杭州举行的洽谈会上，10家韩国企业与浙江省、市、区商务部门及美妆小镇入驻企业现场交流沟通，进行深入的商务洽谈。这次经贸洽谈会涉及化妆品、食品、海产品等相关行业，旨在为中国美妆小镇和韩国全罗南道优秀企业搭建一对一的洽谈平台。

  韩国是中国美妆小镇重要招商目的地和合作伙伴。2017年10月，中国美妆小镇项目启动后就成立了浙江中韩（吴兴）产业合作园，以化妆品产业为核心，规划面积约1865亩，统筹考虑特色产业发展与低丘缓坡开发、产业集聚与工业旅游的衔接协调，努力实现特色产业、特色文化和特色旅游的完美结合。浙江中韩（吴兴）产业合作园依托中国美妆小镇和韩国化妆品协会及企业的紧密合作，加快建设发展。两年间，已签约引进中国香港地区楚成化妆品包材、韩国韩佛化妆品、韩国衍宇包材、韩国蔻丝恩化妆品、英国泊诗蔻化妆品等7个项目，总投资20.3亿元。

  侯军呈在会上表示，中国化妆品行业市场庞大，发展速度远高于世界平均水平。中国美妆小镇是一个全球化的化妆品平台，是中外化妆品行业协会及企业之间交流的桥梁和纽带。在未来，中国美妆小镇将继续做好行业"店小二"工作，全力以赴做好服务，非常欢迎韩国的企业家们到美妆小镇走一走看一看。

阳春三月，侯军呈与世界同行共舞，不断用自己的努力来实现自己的产业目标。

四十一、两个管委会主任

侯军呈常常谦虚地说自己是行业的"店小二"，是在为地方和行业打工。但是，面对地方党政领导对他和中国美妆小镇工作的支持，他始终以感恩之心去回报。他永远也忘不了当初吴兴区委听取他的建议，给中国美妆小镇管委会配备两名主任的一幕。

那是2015年年底的一天，吴兴区委书记蔡旭昶就设立中国美妆小镇管委会及领导班子配备一事征求侯军呈的意见。侯军呈听到蔡旭昶书记推荐负责全区招商引资的区委常委、宣传部长茅利荣兼任管委会主任，就知道这是高配，是区委对中国美妆小镇管委会领导班子建设的高度重视，内心非常感动。

他迟疑了一会，对蔡旭昶书记说："蔡书记，中国美妆小镇未来的招商引资任务很重，工作压力很大。对外招商需要领导站台助阵，对内客户落地中有许多事情也需要领导的协调指导，我担心茅部长分管工作太多忙不过来，您看能不能再配一个人呢？"

侯军呈想不到蔡书记很痛快地答应了："您提个建议？"

"我建议增加联系埭溪镇的区政协主席兼任管委会主任。两个主任，一个侧重对内，一个负责对外。"

很快，侯军呈的建议就得到落实。一个政府机构同时任命两位主任，这是吴兴区历史上的首创，也是吴兴区领导高度支持中国美妆小镇的胆魄体现。更难能可贵的是，中国美妆小镇建设项目启动六年来，所在地埭溪镇党委书记已换过5任，茅利荣和潘华已分别转岗，还坚持和侯军呈一起为中国美妆小镇的美好未来而奋斗。两人分工不分家，哪里需要就往哪里走。比如，按照有关要求，他们不能一个人一直陪同侯军呈出国招商，于是两人就采取轮流的方式解决这个实际问题。

2019年6月24日，时任湖州市吴兴区政协主席兼中国美妆小镇管委会主任潘华，应侯军呈的邀请踏上去澳大利亚考察的旅途。他们考察的第一站是澳大利亚悉尼，潘华和侯军呈拜访了当地多家知名化妆品企业，向他们介绍了中国美妆小镇的规划前景，受到当地美妆企业的热情接待。

与悉尼企业代表合影

随后，潘华和侯军呈又前往澳大利亚墨尔本考察，拜访了澳大利亚中国工商业委员会维州分会和维多利亚全球贸易局。他们和当地知名化妆品企业进行深入交流，侯军呈从化妆品的专业视角，客观地给当地企业介绍了中国化妆品市场走向。他结合当下现实，邀请所拜访企业到中国美妆小镇共同发展，共享资源，携手开拓更具有前景的世界化妆品市场。潘华则从政府角度给予了总结肯定，增强了所拜访企业前往中国美妆小镇参观考察和投资发展的信心。

与墨尔本企业代表合影

结束在澳大利亚的考察后，潘华和侯军呈又马不停蹄地赶到新西兰，参观考察两个月前在上海中国美容博览会上通过 B2B 交流会对接的一家企业。这家企业已经与国内一家 OEM、ODM 企业达成了合作意向，在听了侯军呈和潘华的介绍后，马上确定了前往中国美妆小镇参观考察的日程。一路上，他们顾不上参观异国风光，始终为中国美妆小镇的招商引资忙碌，给随行的招商团成员极大的鼓舞。

与新西兰企业代表合影

2019 年 7 月 28 日，侯军呈从位于南半球的澳大利亚和新西兰回来后不久，又与时任湖州市吴兴区人大常委会党组副书记、副主任兼中国美妆小镇管委会主任茅利荣结伴，踏上前往北半球的美国参加拉斯维加斯展会的行程，开启了拓展北美市场的征途。

展会期间，茅利荣和侯军呈带领招商团队先后拜访了美国 ICMAD 协会、意大利化妆品协会、美国商务部等相关机构，与美国 ICMAD 协会主席 Tony Michalski、国际关系总监 Chris James 等进行了友好交流，多方面探讨合作事项。

展会结束后，茅利荣和侯军呈还拜访了当地知名化妆品企业，详细介绍了中国化妆品市场及中国美妆小镇前景，他们还参观了拜访企业的工厂并做了行业内交流，为中国美妆小镇进入北美市场创造了良好开端。走访中，当地企业听了茅利荣和侯军呈的介绍后，纷纷表示看好中国美妆小镇的未来发展,希望与中国美妆小镇合作,携手开拓更具有前景的全球化妆品市场。

与美国 ICMAD 协会代表合影

继考察美国之后,茅利荣和侯军呈一行应加拿大魁北克国际商务处邀请,转道到加拿大多伦多、魁北克走访考察,和魁北克国际商务处主席兼 CEO Carl Viel、大健康部门负责人 Jean Michel Garro 等人进行商务会谈,并走访多家知名化妆品企业,受到相关企业的热情招待。

与魁北克国际商务处代表合影

　　茅利荣和侯军呈向走访考察的企业客观介绍了中国化妆品市场动态，强调中国美妆小镇是以打造化妆品全产业链平台为目标的化妆品行业综合性、创新型产业基地。相关企业都非常热情地接待茅利荣、侯军呈一行，纷纷表示非常看好中国美妆小镇的前景。

　　有付出就会有回报。为了中国化妆品行业的美妆梦——打造"东方格拉斯"，侯军呈和中国美妆小镇招商团队在潘华、茅利荣等政府领导的无私支持和紧密配合下跑遍了大半个世界，先后与法国、韩国、意大利、泰国、西班牙、澳大利亚、俄罗斯、保加利亚、菲律宾、摩洛哥和马来西亚等多个国家的化妆品行业协会签订了战略合作协议，走出了一条属于自己的创业创新大道。他们一直在努力整合全球最好的化妆品产业资源，希望世界各地优秀的化妆品企业入驻中国美妆小镇，以优质的产品更好地回馈世界消费者。

四十二、金童与玉女

韩国是中国美妆小镇重要的招商区域，因为韩国有较强的化妆品研发生产制造能力，其主要品牌"雪花秀"等风靡全球，在世界化妆品领域占有一席之地。由于韩国研发的产品更符合亚洲人的肤质，所以曾经在国内刮起过一股"韩流"，个别产品曾一盒难求。为此，美妆小镇把韩国列为重要的招商区域可以说是时代的选择。

走进韩国容易，但深入化妆品领域了解其发展态势、发展需求却是一大难题。尽管小镇内的珀莱雅化妆品股份有限公司在韩国设有办事处，尽管小镇总顾问侯军呈与韩国化妆品一些主要生产公司有着良好的合作基础，但要真正引导小镇招商团队走进韩国发挥作用，还是缺少必要的条件和桥梁。为此，小镇管委会主任茅利荣与总顾问侯军呈等决策者们绞尽脑汁，反复研究，寻找良方。有一次在研究工作时侯军呈突然一拍脑袋，想到了珀莱雅公司旗下品牌韩雅的总经理——金亨烈。

金亨烈是土生土长的韩国人，毕业于韩国水原大学中文系，从1998年开始就在中国从事化妆品行业，2008年至2019年担任韩雅化妆品公司总经理，2013年起兼任在华韩国化妆品协会副会长，在中国已经工作生活了20多年，对中国的文化有着深入的了解，而且能讲一口流利的普通话，美妆小镇开始建设后被聘为顾问。

2015年11月5日，美妆小镇管委会主任茅利荣、总顾问侯军呈、埭溪镇党委书记朱建忠等第一次走进韩国，就是在金亨烈做好一切准备工作的前提下进行的。机场接洽、车辆安排等后勤保障非常周到，特别是与企业的对接和安排，可以说是达到了专业水平，拟拜访企业的基本情况人手一份，还当面讲解了拜访企业老板的习惯爱好、企业的一些制度与规矩、相互见面的礼节、企业发展的趋势等，对每一家拜访企业都如数家珍。在与企业交流的过程中，金亨烈的翻译更是精彩，把美妆小镇招商团队的交流发言翻译成韩语时，让企业家们听了特别舒服、清楚。这与金亨烈之前所做的功课有关，在出访之前，金亨烈多次来到美妆小镇，详细了解小镇的发展规划、外部环境、招商政策，以及当地政府的配套服务等。在金亨烈的眼里，美妆小镇服务团队及各级政府人员承诺的事情都会说到做到，对所有企业一视同仁，重视每个入驻项目，尊敬文化差异，包容文化差异；从洽谈入驻到建厂投产，在政府引导下，美妆小镇的办事效率相比其他地区都高，正是美妆小镇及政府人员的热情和诚信吸引越来越多的国内外优质企业前来投资兴业。

衍宇湖州化妆品有限公司，目前是美妆小镇的规模企业。韩国衍宇包材株式会社成立于1993年，是全球排名前十的化妆品包材企业，也是韩国最大的化妆品包装生产商，当时60%的产品出口欧美市场，亟待开发亚洲市场，特别是中国市场。金亨烈知道这个信息后，第一时间传递给美妆小镇，第一时间与衍宇高层进行了接触。

走进韩国企业，除了上面的"金童"以外，还不得不说另一位"玉女"王朵儿。招商团队与王朵儿的相识是在拜访韩国最大的化妆品行业媒体——富体美丽公司的过程中，美妆小镇决策者们认为，要想让美妆小镇迅速在韩国化妆品行业中提高知名度，只有一条捷径，那就是通过行业媒体，定期不定期地做好宣传。为此小镇招商团队在金亨烈的引导下慕名拜访富体美丽公司。

富体美丽公司是韩国化妆品行业媒体的领军企业，有点高高在上的感觉，在与他们的接触过程中，朵儿起到了关键作用。由于美妆小镇想通过富体美丽公司在韩国宣传自己，广告投入也是相当可观的。尽管侯军呈从行业高度和世界化妆品行业正在发生翻天覆地变化的全球视野，给富体美丽公司上了一堂生动的发展课，但还是离不开朵儿从中斡旋，最后双方愉快达成合作协议。

王朵儿是朝鲜族，她爸爸是吉林人，妈妈是韩国人。尽管朵儿在国内长大，但高中和大学都是在韩国上的，研究生毕业于韩国中央大学，且长期住在外婆家，精通韩语，所以对韩国的历史文化非常了解。再加上她在韩国富体美丽公司工作，主要分管针对中国化妆品行业与企业的业务，所以她对行业情况也十分了解。正是由于她对合作双方有深入的了解，所以才能在洽谈的过程中全力推动、促成合作。

也许小镇与朵儿有缘，在拜访富体美丽公司后，朵儿送小镇客人到公司门外时，管委会主任茅利荣与总顾问侯军呈不约而同地发出邀请，表达了让朵儿加入美妆小镇团队的想法。在得知朵儿再过三个月即将去法国深造的消息后，小镇的两位领导更加坚定了邀请朵儿加入美妆小镇的信心。

几个月后，朵儿怀着对国内化妆品行业的深厚情感，来到了美妆小镇，成为小镇的一员，主要负责对外招商工作。由于金亨烈是韩雅公司的总经理，无法具体参与小镇的工作，所以对韩国的招商工作几乎全部落到了朵儿身上。朵儿也迅速进入角色，根本没有磨合期，愉快地担当起重任，拓展了小镇在韩国的招商视野。

韩佛化妆品有限公司的入驻与金亨烈的推荐和前后衔接是密不可分的；衍宇化妆品有限公司入驻有金亨烈与朵儿共同的功劳，金亨烈推荐了衍宇，朵儿继续推进了与衍宇的接洽。由于朵儿十分熟悉韩国的文化且善于交流，所以接替金亨烈的工作相当顺利。朵儿与衍宇公司奇重铉会长的交流真是异常顺畅，因为衍宇在与美妆小镇接洽之前，已在苏州考察并明确了投资意向，当美妆小镇开启韩国招商后，金亨烈就向奇会长通报了情况。奇会长抱着看一看的想法来到美妆小镇，两位"金童玉女"就需要更详细、更彻底地介绍美妆小镇的优势及发展前景，而奇会长需要详细对比湖州与苏州的优势。在这期间，两位招商大使就起到了关键性作用，他们的介绍、他们的推荐、他们的桥梁作用至关重要。美妆小镇与衍宇公司先后跨国沟通不下三四次，最后奇重铉会长抱着对"东方格拉斯"的憧憬而选择了美妆小镇，建立了湖州公司。

朵儿到小镇的工作时间并不长，只有不到两年，但是给小镇做出的贡献却很大。比如与韩国化妆品株式会社的合作，光看这个名字，人们就觉得应该是实力雄厚的企业。它是20世纪60年代初建立的老牌化妆品企业，在首尔市中心设有总部大楼。在朵儿的引荐下，双方愉快洽谈了多次，韩国化妆品株式会社的老板两次来小镇考察并确定了投资意向。还有寇丝恩的入驻，也是朵儿精心协调与衔接的成果。

四十三、方载阳的故事

作为一名优秀企业家，侯军呈十分重视识才用人。他不仅有远大的事业胸怀，敢于向党政机关要人才，也善于挖掘和培养人才。中国美妆小镇驻欧洲首席代表方载阳加盟中国美妆小镇招商团队的故事，就非常感人。

方载阳的父母都是浙江省湖州市人。他们和每一位热爱家乡的湖州人一样，明白中国美妆小镇若能汇聚起美妆产业核变的能量，将成为湖州发展的新希望。他们也经常听到侯军呈为中国美妆小镇努力拼搏的故事并深为感动。

2017年的一天，方载阳的父母偶然听说中国美妆小镇准备去法国参加美妆展览会，急需法国当地人才协助。他们立刻想到自己的儿子就在法国美妆品牌欧舒丹工作，可以为家乡的化妆品产业发展贡献一份力量。于是，他们主动联系中国美妆小镇和方载阳，希望他前去助阵。

2017年10月18日，方载阳在父母的牵线和鼓励下，第一次作为中国美妆小镇的工作人员参与法国 Cosmetic 360 展会。最初，他并不认识侯军呈，以为那个热情为中国美妆小镇宣传招商政策、和大家一起吃着中式快餐的人是一位努力工作的普通招商人员。直到在庆功宴上，方载阳才得知那个普通的招商人员就是中国美妆小镇的总顾问、国内美妆龙头企业珀莱雅的创始人侯军呈。几分钟前，那人还亲切地握着方载阳的手主动敬酒表示感谢。作为一个上市公司的老板，居然不远万里亲自来欧洲招商，平易近人没有一点架子，而且毫无保留地推介中国美妆小镇。这和方载阳想象中高高在上的大老板形象完全不同，如此大的反差让方载阳一时有些不敢相信。在钦佩的同时，他也开始回想自己之前在招商期间是否有疏漏之处了。

在这次展会上，方载阳和中国美妆小镇招商团队一起工作数日后，对中国美妆小镇的发展目标、战略定位以及取得的成就有了新的认识。他对侯军呈的中国美妆梦有了新的感受，为自己家乡有这样卓越的企业领导者和优秀项目感到自豪。也正是在这次展会上,在方载阳的牵线搭桥下,中国美妆小镇与法国化妆品谷签订了战略合作协议,为中国美妆小镇海外招商立下了大功,给侯军呈留下了良好的印象。

美妆小镇与法国化妆品谷签订战略合作协议

随着中国美妆小镇在欧洲的影响力逐渐提升,侯军呈要在法国建立中国美妆小镇欧洲办事处的构想也渐渐成熟,他想到的第一个人选就是年轻的方载阳。当时方载阳刚出校门不久,资历还比较浅,但侯军呈认定他是可塑之才。

2018年6月,方载阳正式成为中国美妆小镇欧洲区负责人。此后,方载阳不但负责欧洲办事处的日常工作,还陪同侯军呈拜访各国客商。无论是去法国、意大利、西班牙、瑞士等欧洲国家,还是远赴北美洲的美国、加拿大……从国际知名大品牌到小而美的本地品牌,从政府到行业协会,方载阳跟随侯军呈的足迹遍布于世界的各个角落。

方载阳介绍美妆小镇

在侯军呈的精心培养下，方载阳在快速成长。2019年8月29日，中国美妆小镇受邀参加 SKW 瑞士化妆品协会年会。各国化妆品行业精英齐聚一堂，互相沟通交流，方载阳代表中国美妆小镇在会上以全新的姿态向在场嘉宾做行业分享。他除了向在场嘉宾详细介绍中国美妆小镇基本情况及未来发展规划外，还从自己的经历介绍侯军呈的事业格局，得到与会人士的高度认可，一时间成为现场的焦点。

通过方载阳的努力，中国美妆小镇先后与法国化妆品谷、意大利化妆品协会、西班牙化妆品协会、瑞士化妆品协会、美国 ICMAD 协会、法国沙特尔市政府、加拿大魁北克省商务厅等国外政府机构及行业协会建立和保持友好往来关系，为中国美妆小镇开拓国际大市场增添了"国际朋友圈"的新力量。

侯军呈知道，有些西方人与中国企业合作时，无论是对中国化妆品产业，还是对中国的市场、中国的文化、中国的人都有一定的偏见。他不仅要向他们推荐中国美妆小镇，还希望用自己的言行改变他们对中国的看法。他希望把一个和西方世界传闻与想象中不一样的真实中国市场介绍给西方人，并成为他们真正的朋友，帮助他们的企业赢得更广阔的市场。为此，逢年过节时，侯军呈都会"督促"方载阳给欧洲的合作伙伴，包括化妆品企业、行业协会和机构、国家或地方政府官员送去祝福，保持良好的沟通。如果自己出差在欧洲，恰逢中国传统的节假日时，他还会主动邀请熟悉的世界美妆企业朋友共进晚餐，并经常和 LVMH 集团、欧莱雅集团等世界大型美妆集团老板聚会。聚会中，侯军呈不谈业务，只介绍中国文化，建立双方的友好情谊。

2019 年 10 月，侯军呈参加法国 Cosmetic 360 展会晚宴

2020年，突如其来的新冠肺炎疫情影响了全世界的生活和生产。方载阳身处欧洲，先是根据侯军呈的指示从欧洲紧急采购数百万元防护口罩等抗疫医疗物资运回国内，后又配合公司为合作伙伴、申请援助单位派送从国内送来的抗疫物资，为国家和企业赢得了诸多美誉。

在积极参与抗疫的同时，方载阳还意识到这也是一个向欧洲介绍中国的绝佳时机。他抓住机会推进与欧洲合作伙伴的深度合作，用中国健康发展的能力和实力促进中国企业与欧洲企业资源共享、合作共赢。通过不懈努力，达成了法国化妆品谷和巴塞罗那化妆品协会的国际科研基地落户中国美妆小镇的协议，在很大程度上提升了中国美妆小镇在国内和国际行业中的影响力和竞争力。

在侯军呈的影响下，方载阳渐渐从一个年轻学子变成事业强人。他时时以事业为重，经常连春节也顾不得回国探亲。他的梦想是有一天能成为中欧化妆品行业交流的桥梁，这个梦想现在看上去还有些远，但他有一颗为中国美妆业奉献的心，他肯为此付出加倍的努力。他说，日后会更加努力，因为中国美妆行业的迅猛发展是他的底气。

四十四、友谊无国界

侯军呈为了中国美妆小镇能保持快速发展而广交朋友，四处揽才。他的朋友圈里有国内外政府领导、专家学者、行业大佬、合作伙伴，也有海外艺术名家、世界政要、企业巨头等。意大利威尼斯美术学院院长朱塞佩·拉·贝鲁纳（Giuseppe La Bruna）就是他在为中国美妆小镇奔波中结识的一位亲密朋友。

意大利是欧洲文艺复兴的发源地，也是世界文明古国，拥有55项联合国教科文组织认定的世界文化遗产项目，和中国并列为全球拥有世界遗产最多的国家。它在艺术和时尚领域一直处于世界领先地位。拥有260多年历史的威尼斯美术学院是意大利一所享有崇高声誉的老牌美院，是意大利文化与艺术教育领域的最高学府之一,也是一所国际化的美术院校,曾培养了波提切利、提香、乔尔乔内、丁托列托等众多西方艺术大师,对欧洲艺术乃至世界艺术发展影响深远。

威尼斯美术学院院长朱塞佩·拉·贝鲁纳是一位著名的雕塑家,擅长大理石雕、铜雕和木雕。他有着深厚的艺术造诣和深刻的艺术思想,多年来通过对大理石、木和铜的雕刻打磨,充分实践着艺术的丰富性、可能性和现实性。他尽力从这些材料中发掘美的灵魂,同时为公众提供动态的观赏视野,加强公众对作品灵魂的理解。

贝鲁纳院长还是一位著名的策展人,一位乐意通过威尼斯双年展等平台将中国艺术家带入西方艺术圈的"摆渡人"。他曾到四川美术学院、鲁迅美术学院、天津美术学院等中国艺术院校走访演讲,推进中西文化艺术的交流,在中国艺术圈有很大的影响力。他的意大利名字太长,因此常被中国的艺术家们亲切地称为"贝贝"教授。

2019年10月22日,侯军呈通过杭州画家童雁汝南的介绍,带领中国美妆小镇团队到意大利威尼斯拜访朱塞佩·拉·贝鲁纳院长,向他请教中国美妆小镇美妆博物馆项目的设计和建设建议。想不到这两位跨界大咖一见如故,很快就结下深厚友谊。

讲究眼缘的"贝贝"教授还邀请侯军呈参观他在西西里岛的艺术工作室。这是很多艺术界人士都期望的一个殊荣,因为他只会对亲密的朋友和尊贵的客人开放自己艺术工作室。

他出生在西西里岛的一个木匠世家,从小就在父亲的工作室里耳濡目染,感受到匠人精神及对材料重塑的魅力,着迷于手工对材料的打造。故乡西西里岛是他的人生出发点,他在那里汲取到了古典文化和希腊文化的能量,随后是阿拉伯文化,以及源自法国和西班牙的诺曼文化。

在工作室里,"贝贝"教授向侯军呈一一介绍了他从70年代至今的雕塑创作,交流中西方美学理论,探讨美学在化妆品行业中的应用。在浓浓的艺术气息包围下,面对琳琅满目的艺术精品,侯军呈和中国美妆小镇团队成员的心灵都产生了强烈的震撼,对"贝贝"教授的艺术造诣深感敬佩。

双方相谈甚欢，"贝贝"教授还现场作画赠予侯军呈，表达了他对与侯军呈之间跨国界友谊的祝福。

参观"贝贝"教授在西西里岛的艺术工作室

参观完工作室后，"贝贝"教授还邀请侯军呈和中国美妆小镇团队到他在西西里的家中做客，热情款待侯军呈一行。谈及中国美妆小镇在建的美妆博物馆时，"贝贝"教授非常真诚地提出专业建议。

侯军呈对"贝贝"教授说，现代化妆是一门艺术，如今很多化妆品本身也是一件艺术品。在这个讲究颜值的时代中，各种化妆品产品从包装到设计都在提升自己的格调。拜访结束时，侯军呈盛情邀请"贝贝"教授到中国美妆小镇参观做客，表示很乐意为今后中国美妆小镇的大师工作室提供前期筹备。

第五章 小镇故事多

朱塞佩·拉·贝鲁纳院长现场作画赠予侯军呈

有了良好的开端，侯军呈和"贝贝"教授的友谊也如无法阻挡的流水般奔腾，两人虽然语言不同，但经常通过微信交流思想和对世界的看法。2019年3月，"贝贝"教授到上海举办个人雕塑展。在胡润先生为他举办的欢迎宴会上，"贝贝"教授坚持不要口语翻译，打开微信的意大利版，一字一字地输入文字，然后将在场的人士拉入微信群，将要表达的意思原文翻译。他说："要观察人的多样性，即便你们不会说同样的语言，也要去努力地理解每个人在说什么，这是非常有趣的事。"

2020年新冠肺炎疫情期间，侯军呈和"贝贝"教授就是这样通过微信交流两地情况，有时忍不住歌唱互相勉励。同年9月，他将一尊自己非常喜欢的大理石雕塑送给了侯军呈，并亲笔写了一段题为"友谊无国界"的说明文字。"贝贝"教授写道：

老话说,"谁得到朋友就等于得到宝藏"。它肯定了一个前所未有的真理,那就是,比起其他一切,"友谊"仍然是今天一个可以夸耀的最美丽和非凡的东西。

我个人想夸口说,在一个许多人认为离我们很遥远而且不同的国家里,我找到了两个真正的朋友。其中,画家童雁汝南现在不仅是我亲爱的朋友,我更愿意称之为兄弟,还有一位就是侯先生。

侯先生已经展示出他丰富的人类艺术敏感性。侯先生是一位伟大的企业家,不仅是中国的,也是一位国际企业家。事实上,他的化妆品集团,既是帮助人们更好地维护外在美,据我的思维方式,更有助于更好地维护我们的健康和内在美。如果你把两者结合起来,也许你就有机会活得更好更长久。

古希腊人说,"健康的头脑诞生于一个健康的身体",因为他们理解这两件事情的重要性。

想到我的大理石雕塑能安放在一个诞生美的地方,我感到非常高兴。侯先生青睐的这件雕塑原名为"达芙妮和克洛埃",是反映两个人之间爱情力量的神话故事,他们需要共同面对世界的最大挑战,而这也正是社会通常给我们所设的障碍与挑战,可是不要忘了,爱、自由和友谊是没有界限的,也是无价之宝。

这就是中国,这也是意大利,但最重要的是,这就是"友谊"——我们可以在现实生活中离得很远,但在人类感情和人际关系的共同体中,我们彼此联结。

朱塞佩·拉·贝鲁纳

从"贝贝"教授这段文字里,我们完全可以感悟到侯军呈和中国美妆小镇成功的秘诀。

四十五、打造国际合作的美丽渠道

2019年11月，中国美妆小镇又迎来了一年一度的行业领袖峰会，这也是它撼动世界化妆品行业的高光时刻。

从2015年以来，身为中国美妆小镇管委会总顾问，实则为招商部部长、服务中心主任的侯军呈已经记不清自己在法国东南部小镇格拉斯和浙江吴兴埭溪镇之间往返了多少次。熟悉侯军呈的人都说，他一年几乎有200天都在国外招商或者飞往国外的途中。

与此同步进行的是浙江吴兴埭溪镇上发生的一个从无到有的奇迹——占地近5平方公里的中国美妆小镇初具规模，湖州由此和广东广州、上海奉贤成为中国三大化妆品行业聚集地。

业内很多人都说，"美丽产业"之所以能在埭溪兴起，不仅是靠侯军呈和中国美妆小镇团队"跑"出来的，靠青山绿水"引"进来的，也是靠他们创办的化妆品行业领袖峰会"谈"出来的。侯军呈曾说："中国作为全球最大的化妆品消费市场有着几千亿元的市场空间，而目前国产品牌只占到整体市场的30%。国产化妆品企业亟须一个高品质的产业平台聚集全球的产业资源和要素，以利于提升企业自身乃至整个行业的水平。我们策划举办的化妆品行业领袖峰会就像一个'风向标'，引领这一'朝阳产业'走得更远。"

侯军呈清楚地记得过去四年中化妆品行业领袖峰会所走过的历程。

2015年11月，第一届化妆品行业领袖峰会的主题是"打造大平台，发展大产业"，为中国美妆小镇的发展确定了清晰的战略定位和发展方向。

2016年10月，第二届化妆品行业领袖峰会的主题是"大趋势、大使命、大格局"。侯军呈在会上呼吁："中国不该是世界的加工厂！我们不能再走原来的老路，牺牲巨大的代价获得的只是微薄利润。我们的民族品牌要在国际上争取更大的发展空间！"

这一年，中国美妆小镇围绕"中国美妆产业集聚中心、中国美妆文化体验中心、国际美妆时尚博览中心"三大目标定位，全面展开国内外招商，引进优质项目20个，成功入选浙江"全省十大示范特色小镇"。

2017年11月，第三届化妆品行业领袖峰会的主题是"共商、共建、共享"。在这个主题引领下，中国美妆小镇先后引进韩国第三大化妆品研发企业——韩佛化妆品株式会社、韩国最大的化妆品包材制造企业——衍宇包材株式会社（YONWOO）、意大利VIRIDIS品牌护肤项目、台湾地区绮丽华美妆制品项目等31个生产企业项目，总投资超过125亿元。由此，中国美妆小镇已经开始与国际市场接轨。

2018年11月，第四届化妆品行业领袖峰会的主题是"新蓝图、新赶超"。它给中国美妆小镇带来的是总投资2000万美元的中保（中国与保加利亚）国际玫瑰文化园项目签约。中国美妆小镇2018年主要经济指标增长明显，完成化妆品及相关主营业务收入同比增长41.55%，实到外资同比增长120%；作为埭溪镇经济发展中重要"增长极"的拉动效应越来越明显，半年度入库税收占埭溪全镇总额的60%，占增量的68%，工业性投入占到埭溪全镇的70%以上。

转眼间，人们迎来了2019年的第五届峰会。这一次，中国美妆小镇给大家带来的是什么惊喜呢？

2019年11月10日，以"新零售、新渠道、新经济"为主题的中国美妆小镇第五届化妆品行业领袖峰会在湖州市吴兴区拉开帷幕。国内外美妆行业协会、企业代表200余人参与了此次峰会，共商行业发展，共享行业资源。与往届不同的是，这次峰会升格了，成为第二届中国国际进口博览会的配套活动。另外，这次峰会的规模比往届更大。国家药品监督管理局副局长陈时飞到会讲话；浙江省商务厅厅长盛秋平、浙江省市场监督管理局副局长兼省药品监督管理局局长徐润龙，湖州市委、市人大、市政府、市政协领导，吴兴区主要领导等省市区各级领导亲自莅临致辞；法国化妆品谷主席、路易威登集团秘书长马克·安东尼·佳美应邀到会发言。这次峰会不仅对新时代美妆产业的发展主题进行了深刻解读，也对全球化妆品行业的现状进行了再次聚焦。

第五届化妆品行业领袖峰会合影

本届峰会的亮点是中国美妆小镇供应链平台正式发布，为中国美妆小镇寻求全球合作开启了强劲的磁场吸引力。据侯军呈介绍，全产业链的发展模式是美妆小镇的一项核心战略，该平台将打通国际化妆品品牌进入中国市场的通道，推动各国供应链之间广泛深入合作，打造国际合作的美丽渠道。这些举措无疑将美妆小镇的发展推入了新境界。

不但如此，本届峰会中还诞生了多项成果。活动中，一批重点美妆项目完成签约，其中产业项目总投资达 105 亿元，网红直播基地及供应链平台项目预计年销售额达 300 亿元以上。中国、法国、西班牙、瑞士、菲律宾、意大利等国家和地区分别在峰会上发布了当地的化妆品行业数据，为有意寻求新的美妆产业国际合作的企业提供了权威参考。

随着连续 5 届化妆品行业领袖峰会的举办，中国美妆小镇美妆产业集聚能力和平台承载优势也愈发显著。作为美妆行业规模最大的国际会议之一，化妆品行业领袖峰会决定将永久会址落户在中国美妆小镇，为中国美妆小镇的国际化发展打开新局面。侯军呈看到自己策划建议并精心组织的化妆品行业峰会带给了中国美妆小镇无限光明的未来，心中感到特别欣慰。

2020年11月，第六届化妆品领袖峰会如期举行，这一届峰会比往届更具有特殊的意义。特殊之处在于浙江省化妆品产业高质量发展大会与第六届化妆品领袖峰会同台呈现，一个小镇的会议与全省的大会并列召开，这是美妆小镇无上的荣耀啊！在这个会上，国家药监局副局长颜江瑛、浙江省副省长陈亦君两位副部级领导出席，把小镇的领袖峰会推向了一个史无前例的高度，这更是对美妆小镇的充分肯定！

第六届化妆品行业领袖峰会

四十六、美丽事业

时光如白驹过隙，转眼间到了与2019年挥手告别的时候了。从中国美妆小镇项目启动至2019年12月，1500多个日日夜夜过去了，侯军呈和中国美妆小镇都有哪些收获呢？

2019年12月16至17日，以"动见"为主题的2019年"品观APP年会"在武汉欧亚会展国际酒店举行。中国美妆小镇作为战略合作伙伴受邀出席，与各界专业人士共襄盛会!

因为行动,所以看见。在"品牌动见"专场,侯军呈发布了"中国美妆产业集群"的主题演讲。演讲伊始,侯军呈就谦虚地称自己为行业的"店小二",讲述自己作为一位中国化妆品从业者,有责任有义务为行业的发展尽一份力,其中就包括支持将中国美妆小镇打造成"东方格拉斯",而这也是他一直孜孜以求的"美妆梦"!

侯军呈作主题演讲

侯军呈说,作为集化妆品全产业链价值于一体的美妆集群,中国美妆小镇始终以"打造一个全球化、全产业链资源共享、合作共赢的美妆平台"为使命;以"集聚世界级化妆品行业企业,实现产业集聚、品牌集聚、文化集聚,打造世界级的、美妆产业配套功能齐全的'东方格拉斯'"为愿景,愿意帮助企业成员发掘商业机遇,提高市场竞争力。

4年多来,中国美妆小镇已签约引进入驻85个项目,计划总投资超240亿元;成功举办了五届化妆品行业领袖峰会;与法国、韩国、意大利、澳大利亚、西班牙、马来西亚、泰国、越南、菲律宾等多个国家的化妆品协会签署了战略合作协议。

未来,中国美妆小镇将以"美妆产业集聚中心、美妆文化体验中心、国际时尚博览中心、美妆人才技术中心"为发展中心,计划用10年时间集聚化妆品及配套项目300个,其中化妆品生产企业100家以上,总投资约450亿元。预计建成后,中国美妆小镇可实现年主营业务收入500亿元以上,税收50亿元以上,成为产业集聚"新高地"、产城融合"新样板"、人才集聚"新磁场"、资源汇聚"新能量"、乡村振兴"新引擎"、质量监管"新典范"。

在侯军呈的激情介绍下,实力不凡的中国美妆小镇在品观APP年会上大放异彩,备受各方关注。侯军呈强调,他和中国美妆小镇从事的是一个发现美、创造美的事业,通过与行业领军者交流分享,中国美妆小镇将更好地服务化妆品行业,积极融汇全球化妆品业的力量,充分发挥促进国际化妆品产业交流合作平台的纽带与桥梁作用。

中国美妆小镇的不菲成就吸引了越来越多的关注,邀请也随即纷至沓来。12月19日,中国化妆品工商首脑会议暨2019年化妆品报年会在武汉东湖之滨盛大启幕,来自全国各地700余位化妆品业工商英杰汇聚荆楚大地。中国美妆小镇作为化妆品报社优秀战略合作伙伴,在这场年末盛会上与业内人士分享、探讨中国化妆品行业的趋势和未来方向。中国美妆小镇管委会主任茅利荣向与会人士报告了中国美妆小镇的发展成果以及未来发展规划,短短几年美妆小镇取得如此多的成绩令全场嘉宾惊叹。

一是携手世界同步发展。中国美妆小镇依托市场化运作机制和良好的发展态势,先后与法国化妆品谷、法国沙特尔市、法国高等美容美妆学院、意大利化妆品协会、大韩化妆品协会、韩国乌山市、摩洛哥、保加利亚国家精油生产与贸易协会等20多个国家的政府机构或行业协会签订了战略协议,借力行业资源和专业优势助推中国美妆小镇发展。

二是创新产业配套。中国美妆小镇坚持以优质的服务和完善的配套助推入驻企业与小镇携手腾飞、共同发展。中国美妆小镇先后成立了人力资源服务中心、公共法律服务站、规划设计研究院等服务机构,为入驻企业提供"一站式"和"保姆式"服务,让企业发展更加省心、省力、省事。如今,美妆小镇检测研发中心、科技孵化园、美妆科创中心、美妆博物馆等一大批配套项目建成并投入使用,全国最大的美妆网红直播基地、美妆全球供应链平台的建设及运营为入驻企业提供了更加完善的公共配套服务。至此,坐落于埭溪镇的美妆产业集聚中心基本建成。

茅利荣报告美妆小镇发展成果

三是筑牢美妆好梦。中国美妆小镇牢牢锁定"奋战十年,实现千亿,打造东方格拉斯"的宏伟目标,以产业为核心,融文化、旅游、居住等功能于一体,促进生产、生态、生活"三生融合",以产业、文化、旅游、居住"四位一体"的发展理念,坚持构建美妆产业集聚中心、美妆文化体验中心、美妆时尚博览中心、美妆人才技术中心"四个中心"不动摇。

未来,一个簇拥万亩玫瑰花海,汇集国际化美妆资源,具有千亿市值的美妆产业集群将呈现在世人眼前。

未来,一个代表中国化妆品产业最高水平,引领国际美妆时尚潮流的小镇将矗立在中国大地上。

未来,一个拥有全球化妆品行业标准制定权,站立在美妆产业最前端的中国"格拉斯小镇"将屹立在世界的东方。

在这次中国化妆品工商首脑会议上，侯军呈创办的珀莱雅化妆品股份有限公司荣获"2019年中国化妆品唯美公益奖"。侯军呈上台领奖时说："只有行业的诚信和自律，才能实现持续发展的美好愿景。化妆品行业的自律非常重要，在保持初心的前提下，未来10年中国化妆品行业还有10倍的增长空间。珀莱雅化妆品股份有限公司作为国内首家民营化妆品上市企业，在发展中始终不忘感恩，回报社会，使这份美丽事业实现更有意义的价值。"

12月25日，由中国香料香精化妆品工业协会主办的"深圳国际美容化妆品博览会"隆重开幕。展会以"创新科技，品牌赋能"为主题，结合国家"十三五"规划及世界科技创新呈现新趋势，汇聚"高精尖"创新科技产品，展示创新的研发技术，传播科技发展思想，发扬可持续发展理念，打造品牌、培育品牌，树立行业品牌标杆。

行业集体助力，政府全力支持，产业迅速汇聚，媒体高度聚焦，集万千宠爱于一身的中国美妆小镇应邀积极参与博览会。开幕第一天，中国美妆小镇的展位上就商客如云，各方企业纷纷驻足与招商团队交流。听取了专业团队详细介绍后，大家都对中国美妆小镇的未来充满了期待。

为了中国化妆品行业的美妆梦——打造"东方格拉斯"，侯军呈和中国美妆小镇团队一直在努力整合全球最好的化妆品产业资源，更好地服务民族企业，更自豪地向世界推荐优秀民族化妆品品牌！

这就是侯军呈在新时代的美好愿望和美丽事业！

第六章 追梦人

四十七、"网红经济"赋能小镇美妆

这是一组令人惊奇的数字。据淘宝直播官方数据显示，2019年"双11"开场仅1小时3分钟，淘宝直播引导的成交额就超过了2018年"双11"全天；8时55分，淘宝直播引导成交已破100亿元，全天成交200亿元，超过50%的天猫商家通过直播取得新增长。平台头部主播在近一年直播品类的选择上也有相似的趋势，化妆品均为占比最大的品类。

近年来，随着互联网的发展，直播带货已成为全网最新的消费方式。化妆品、护肤品在直播电商市场的发展空间巨大，而美妆产业与"网红经济"的契合度又非常高，如何利用好直播带来的千亿流量红利，让中国美妆小镇的金名片传得更远，这是侯军呈在新时代的新思考。

2019年11月10日，第五届化妆品行业领袖峰会在中国美妆小镇拉开帷幕，来自全球200余名业界代表齐聚一堂，共探世界美妆发展趋势，共享美妆行业资源。在峰会上，中国美妆小镇正式发布彰显"新零售、新渠道、新经济"发展主题的供应链平台，意在打通国际化妆品品牌进入中国市场的渠道，推动各国供应链之间的广泛深入合作。期间，侯军呈透露："与中国美妆小镇毗邻的杭州是电商之都，互联网发展的基础相当好，我们正在谋划引进互联网企业到中国美妆小镇，建设网红直播基地，让电商直接进入美妆企业的车间，用直播的形式把美妆企业的产品更直接地展现到消费者面前。"

侯军呈是一个说干就干的企业家，他看中的事物、认准的方向，就会努力去完成。

2020年1月15日，距离农历庚子鼠年新春已不到10天时间，传统年味已在埭溪乡间村落飘荡。侯军呈仍通过努力请淘宝直播平台协助组织头部网红直播机构的各大总裁及商务部负责人们到中国美妆小镇参访，其中有美腕（李佳琦团队）、谦寻（薇娅团队）、润风（于momo红人机构）、本新文化（美妆垂直机构Top3)、集淘和纳斯（服饰、美妆综合机构）、寰亚（东北地区网红机构）等知名网红运营机构。那天，侯军呈以珀莱雅股份有限公司董事长、中国美妆小镇总顾问的身份亲临现场，全程陪同接待这些机构负责人和网红达人们。

在参观珀莱雅生产基地时，侯军呈热情地给大家介绍珀莱雅的发展历史，带领大家深入到现代化的生产车间，参观了解珀莱雅旗下各种化妆品的生产流程，详细解答年轻人们提出的各种问题。

在美妆大厦的沙盘前，侯军呈向网红直播团队介绍了中国美妆小镇的发展现状和历程，以及中国化妆品行业的前景和自己的美妆梦。随后，他带领大家走入会议室，就电商运营、美妆直播等相关事宜进行座谈交流。

侯军呈为网红直播团队介绍美妆小镇沙盘

在座谈会中，侯军呈认真地听取淘宝直播平台及各个机构代表的介绍，并不时插话请教，共同讨论，这种诚恳的学习态度赢得了在场所有人的敬佩。在侯军呈的鼓励下，大家畅所欲言，各抒己见，纷纷发表对电商平台美妆直播前景的看法和建议。

淘宝直播平台美妆负责人程林（花名"芷姑"）介绍说，淘宝直播是新消费时代的标志性事件。2019年，淘宝直播月度增长突破350%，呈爆发性增长，前景十分喜人。她认为，4G时代淘宝直播还只是刚刚开始。5G时代来临后，淘宝直播将有更大的想象空间。美妆直播将会成为网络经济新动能下的全新数字化的体验模式。电商及物流实现了个性化生产与差异化需求之间低成本、高效率的精准对接，且易形成规模化效应。品牌传播转化更加快速多维，话题、粉丝经济、供应链、产品、趣味内容、淘宝直播间等将形成品牌提升及产品研发和营销的良性生态循环。中国美妆小镇规划建设网红直播基地是一个具有超前战略眼光的划时代的决策选择。

在淘宝直播平台，美腕、谦寻、润风、本新文化、集淘和纳斯、寰亚等毫无疑问是网红带货头部机构，他们的带货覆盖美妆、零食、家居等全品类，每天都有旗下知名网红主播坚持直播数小时，满足了众多直播间粉丝的生活所需。

这些机构的访问团队在实地参观考察了中国美妆小镇和珀莱雅生产基地，听取侯军呈的介绍后坦言，中国美妆小镇化妆品企业的产品，都是女性粉丝们喜欢的产品，而且侯军呈董事长的为人一定会让双方实现最美的合作。

侯军呈认真地记下了这些发言和建议，并开始思考下一步的具体行动。

2020年3月18日，在湖州市吴兴区公共资源交易中心，埭溪镇美妆小镇网红直播基地装修工程招标开标，预示着中国美妆小镇网红基地建设进入倒计时。

美妆小镇网红直播基地

2021年4月，由中国美妆小镇管理委员会主办，快手科技有限公司、化妆品产业（湖州）投资发展有限公司和美妆小镇美妆健康协会共同承办，以"秀出你的最美妆容"为主题的首届美妆直播大赛启动，吸引了近200名资深网红主播报名参与，作品曝光量达5666.3万，经历海选、初赛、复赛、决赛等各个阶段，于7月9日圆满收官。

美妆小镇首届直播大赛颁奖仪式暨直播欢乐夜

如今，直播已经成为一种全新的商业模式，并不断影响着人们的工作和生活方式，侯军呈也在不断努力，希望通过直播等新兴传播途径，助推中国美妆小镇产销融合，为促进美妆产业链可持续发展贡献一份力量。

四十八、荣获"全球杰出华人"大奖

2020年2月18日，全球华人还沉浸在传统春节的欢乐气氛里，从大洋彼岸又传来了好消息：由美国汉天卫视、美国中国文化中心、美中人民友好协会、国际商务促进中心联合举办的第四届"全球杰出华人·华人之光"评选结果出炉，侯军呈因为诚信立业、感恩立行，凭借在化妆品行业多年来的奋斗成就，以及长期以来在慈善公益事业上持续不断的投入而名列榜中，获得由美国国会议员和洛杉矶郡郡长颁发的"全球杰出华人证书"。

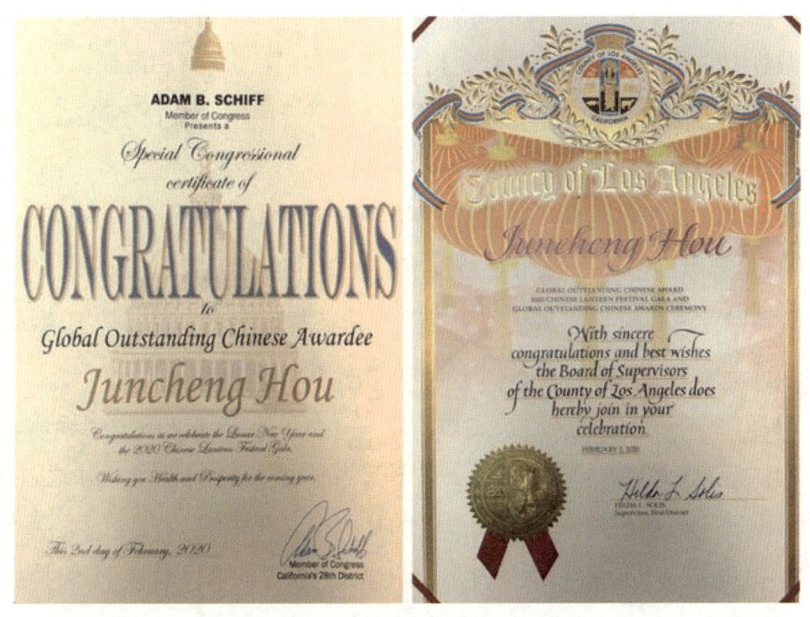

侯军呈荣获全球杰出华人证书

"全球杰出华人"奖项的获奖人是评选单位从全球各行各业的优秀华人代表中选举产生的。设立"全球杰出华人"奖项的目的是表彰他们的贡献和成就，宣传他们的先进事迹，弘扬他们的奋斗精神，树立他们的正面形象，同时也是为了在全球范围内传递华人的影响力，提升华人的国际地位，树立我们的文化自信和民族自信，让更多的人了解杰出华人，让杰出华人带领更多的人走向成功，让世界更和谐、更美好。

侯军呈是伴随改革开放成长起来的优秀企业家，从代理销售国外化妆品起家，到成为中国民族化妆品行业的领军者，他的成长是全球华人的骄傲。他 2006 年注册成立珀莱雅化妆品股份有限公司，不到 10 年的时间，就成为家喻户晓的国货美妆品牌。2017年11月15日，珀莱雅成功在A股上市，成为世界经济论坛官方授予的"全球成长型公司"。

侯军呈在带领企业成功发展的同时不忘初心，勇担社会责任，尤其可贵的是以中国民营企业家身份，讲好中国故事，传递中国文化，塑造中国形象，确实不负"全球杰出华人·华人之光"这个荣誉。

侯军呈认为，自己今日取得的事业成就，得益于中国共产党的正确领导，得益于改革开放的伟大时代，得益于社会各界的支持和帮助。因此，他心怀感恩，勇担社会责任，热心公益事业，积极回馈社会，不断把"感恩"和"回馈"的价值观融入珀莱雅企业文化中。

2007年，珀莱雅刚起步时就在甘肃省平凉市捐建希望小学。同年11月，"珀莱雅慈善救助基金"开始对湖州市吴兴区的助医、助困、助残、助老等社会公益事业进行资助。从中华思源工程扶贫基金会"思源救护"项目，到中国扶贫基金会"筑巢行动"，珀莱雅都给予极大支持。

2008年5月，四川汶川发生特大地震，侯军呈先后两次组织珀莱雅捐款捐物，亲自将价值500多万元的洗护产品捐赠运送到现场，并通过中国青少年发展基金会援建灾区学校，资助贫困生，积极推动当地的灾后重建。2013年，雅安发生地震，珀莱雅出资为当地12所小学采购教学器材。2018年，珀莱雅在江苏徐州市、连云港市捐建春蕾爱心图书馆……

在家乡温州乐清，侯军呈个人出资500多万元用于乐清市大荆镇冯村改造环村路，修建村办公楼；出资上百万元成立"向阳花奖学金"，为母校大荆中学优秀学生颁发奖学金、助学金；出资百余万元帮助乐清虹桥、蒲岐修缮明代文物遗址，帮助大荆镇修缮明代古迹文昌阁，帮助大荆镇白箬岙村建设文化大院，推动村落文化传承。

10多年来，侯军呈和珀莱雅捐赠或投入公益事业资金达上亿元。

2021年6月，他又把个人股份分红拿到的1000万元捐给吴兴区慈善基金会，用于打造全球最大的化妆品主题博物馆，向国际展示中国化妆品文化。

第六章　追梦人

2008年，患有腰伤的侯军呈亲自搬运捐献物资

为了扛起打造民族化妆品品牌的旗帜，让中国的化妆品产业在世界上有较高的行业地位，他主动舍小家为大家，将自己的上市企业珀莱雅交给内弟方玉友打理，义务出任中国美妆小镇管委会总顾问，赔钱做"店小二"，为中国美妆小镇开发建设以及招商引资服务。

经过6年多的努力，中国美妆小镇成为与上海东方美谷、广州白云美湾"三足鼎立"的全国三大化妆品聚集区之一，先后被评为"浙江省优秀特色小镇"并位列时尚类小镇第一名、"浙江省十大示范特色小镇""浙江省级行业标杆小镇""浙江省化妆品创新监管与高质量发展示范基地""2019—2020年度省产教融合示范基地"，快步走向"十年努力、千亿产值、致富万家，打造'东方格拉斯'"的共同富裕愿景，有力促进了特色小镇建设和地方经济社会高质量发展。

侯军呈是从大山中走来的汉子，常自称是"大山的儿子"，但他能放眼世界，经常向世界传递中国文化，塑造新时代中国的新形象。

2013年9月，侯军呈代表珀莱雅与联合国妇女署正式签署公益合作协议。首批300万元公益捐款用于专项性别倡导基金，服务于女性公益和性别平等的项目，成为联合国妇女署中国首家企业合作伙伴。随后，陆续投入数千万元公益金，展开"海阔天空·女性就业平等计划""'珀'美丽人生"等女性公益项目，得到联合国副秘书长兼联合国妇女署执行主任、南非前副总统普姆齐莱·姆兰博·恩格库卡的高度认可。2015年5月22日，恩格库卡副秘书长专门造访珀莱雅公司表示感谢。

与联合国妇女署签约公益合作协议

2015年11月23日，珀莱雅数十位合作伙伴造访联合国总部，现场签署了WEP（赋权予妇女原则），并签名支持联合国妇女署发起的"He For She"行动，承诺将以实际行动支持联合国"性别平等"事业，让带有珀莱雅标识的联合国公益广告出现在久负盛名的纽约时代广场大屏幕上。因对"女性事业"做出的突出贡献，珀莱雅获得联合国妇女署颁发的"He For She贡献奖"，为中国民企赢得荣誉。

2020年，新冠疫情暴发。珀莱雅在第一时间设立了1500万元慈善公益资金用于积极抗疫。当欧洲疫情暴发的危难之际，侯军呈积极回应法国LVMH集团秘书长的求助，先后向法国、意大利、英国、澳大利亚、韩国、西班牙等国家和地区捐赠了20万个当时极度缺乏的口罩等抗疫物资，通过民间外交增强中外友谊。法国化妆品谷主席、瓦德勒伊市市长佳美先生在2020年9月份的法国政府会议上，给侯军呈颁发了一枚"共建中法人民美好国际友谊"的荣誉勋章，这是中国民营企业家获得外国政府颁发的珍贵的抗疫荣誉勋章。

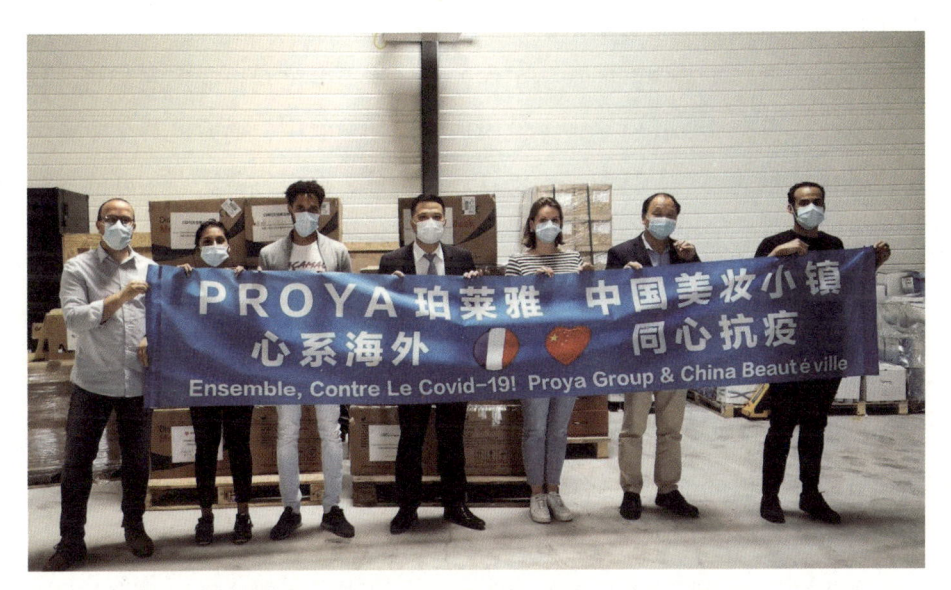

珀莱雅捐献口罩

2020年年底，侯军呈应新疆阿拉尔地方领导邀请，开始谋划在阿拉尔投资建设"中欧产业园"。他规划将自己的事业由办好一个企业、建好一个小镇，发展为推动一个商贸城前行，通过"一企一镇一城"，承担更多社会责任，塑造中国民企的世界形象。

侯军呈常说："企业创造的财富不是我个人的，是全体员工的，更是社会的。无论我们个人还是企业的命运，都是和国家的命运、民族的命运深深联系在一起的。我希望能够尽自己绵薄之力，在为国家创造经济效益的同时，也能更多地回馈社会。"

四十九、凤凰吐"心声"

2020年1月16日，浙江省十三届人大三次会议表决通过了我国首部促进民营经济发展的地方性法规——《浙江省民营企业发展促进条例》（以下简称《条例》）。次日，浙江省人大法工委举行了《条例》实施新闻发布会。2月1日，《条例》正式实施，令浙江民企备受鼓舞。

为切实做好《条例》的宣传工作，进一步提振民营企业发展信心，营造有利于民营企业和民营企业家健康成长的社会氛围，助力民营企业渡过眼下的疫情难关。3月25日，由浙江省司法厅、浙江省普法办主办的"社会普法大讲堂——进民企"活动走进珀莱雅化妆品股份有限公司，邀请参与本次立法的相关部门负责人、专家和资深律师来解读、宣讲《浙江省民营企业发展促进条例》，侯军呈作为浙江省优秀民营企业代表，也参与了这次活动并表达了心声。

侯军呈在接受凤凰网浙江综合栏目主持人的采访时表示："《条例》将促进民营企业发展的举措以地方立法的方式实现更好地推进，将真正惠及浙江民营企业。我作为浙江的民营企业家，感到很自豪、很幸福。"

平等准入是民营企业最大的企盼之一，过去一些领域禁止民营企业进入、限制民营企业进入，但究竟是哪些行业和领域又没有明确的名单。《浙江省民营企业发展促进条例》明确规定市场准入实行负面清单制度，清单之外均可平等进入。在最终通过的《条例》中，"坚持竞争中性原则"被写入其中，这在国内地方立法中走在了前列。

在短短50条《条例》全文中，侯军呈说自己印象最深的是第一章第三条，"民营企业发展促进工作应当坚持竞争中性原则，保障民营企业与其他所有制企业依法平等使用资源要素，公开公平公正参与市场竞争，同等受到法律保护，实现权利平等、机会平等、规则平等"。

侯军呈接受凤凰网采访

侯军呈坦言，民营企业发展促进工作应当坚持竞争中性原则，"我们不要特殊优待，我们只要公平竞争的环境"。一句话道出了很多浙江民营企业家的心声。

法治，是最好的营商环境。将促进民营企业发展的举措以地方立法的方式实现更好推进，是浙江为民营企业打造更优发展环境的创举。《浙江省民营企业发展促进条例》首次在地方立法层面明确行政机关应当遵循诚信原则，保持政策的连续性和稳定性，依法作出的政策承诺以及依法订立的合同，行政机关不得以行政区划调整、政府换届、机构或者职能调整以及相关责任人更替等为由不履行、不完全履行或者迟延履行约定的义务。这给民营企业吃了一颗"定心丸"。

侯军呈说："我们听到过不少民营企业家反映因政府招商引资承诺不落实造成企业较大损失的情况，也碰到过一些地方政府政策承诺的不稳定给民营企业发展带来经济损失的情况，对整体市场环境产生较大负面影响。"

侯军呈进一步阐述，改革开放 40 多年来，民营企业像雨后春笋般蓬勃成长，为促进发展、解决就业等作出了贡献。我们最不希望看到的情况是换一任领导就换一个政策，希望"不折腾"。依法平等保护各类企业的合法权益是打造法治化营商环境的重要前提，良好的营商环境是企业发展坚实的后盾。《条例》是《中共中央国务院关于营造更好发展环境支持民营企业改革发展的意见》发布后在浙江率先落地实施的政策法规，为浙江民营企业送上了一个新年"大礼包"。

凤凰网对活动进行全程直播。据不完全统计，共有 40 多万观众通过凤凰网"风直播"平台与"浙江普法"微信公众号在线观看了这场直播。

没有一个冬天不会过去，没有一个春天不会到来。相信在紧抓复工复产的当下，配合《条例》的出台实施，包括珀莱雅及其他美妆小镇入驻企业在内的众多浙江民营企业，都将获得更好的营商环境和更公平的竞争市场环境。

不可否认的是，吃透立法精神、条例内容，将有助于各大企业把控正确方向，为企业健康成长而不懈努力。

五十、美妆健康协会

2020 年新春，一场突如其来的新冠肺炎疫情，深刻改变了这一年的春天，而最早遭受这一重大危机冲击与考验的中国以巨大的魄力、惊人的壮举、勇毅的付出最早阻断了疫情的传播，让这片土地成为世界上最安全、最温暖的家园。

面对疫情冲击，侯军呈和中国美妆小镇的伙伴们并没有停下前进的脚步，而是加快了与国际接轨的步伐。6 月 10 日，中国美妆小镇美妆健康协会挂牌成立，标志着中国美妆小镇在国际化的道路上又向前迈进了一大步。

中国美妆小镇美妆健康协会授牌仪式

据侯军呈介绍，美妆健康协会将帮助入驻企业解决化妆品相关产业原辅材料、设备、研发、生产、销售的合理配置及企业遇到的各种实际问题。美妆健康协会任务宗旨有四项：

一是贯彻国家法律、法规、规章和政策，引领企业遵守社会道德风尚；

二是以专业而丰富的各项资源引导化妆品企业走规范而标准的持续发展路线；

三是优化企业配置结构，提供企业所需的各种信息、资源和服务；

四是为美妆产品大健康产业做大做强做出贡献。

侯军呈在挂牌成立仪式上致辞说，中国美妆小镇是个集聚化妆品全产业链的大家庭，成立美妆健康协会的初衷就是为了让化妆品企业能有组织关怀，实现资源共享，齐心协力打造一个健康的产业链，从而形成"协会服务企业，企业支持协会"的互动双赢的局面。

美妆健康协会副会长兼秘书长陈民认为，美妆健康协会的正式成立，是维护中国化妆品行业绿色、健康、和谐发展,推进美妆小镇及化妆品大健康产业做大做强的又一重大举措,具有重要的意义。

陈民介绍说,侯军呈为美妆健康协会的成立做了大量的工作。筹备期间,他主动捐赠了20万元启动资金;为了培养新人,他亲自推荐浙江高妍科技有限公司董事长束毅峰出任会长,自己担任荣誉会长,扶他上马出征。挂牌成立当天,侯军呈早早来到美妆小镇,看望与会人员,像期待新生儿一样关心美妆健康协会的诞生。

美妆健康协会是顺应时代和中国美妆小镇的发展应运而生的。吴兴区人大常委会党组副书记、副主任、中国美妆小镇管委会主任茅利荣在协会挂牌成立仪式上表示,要充分认识成立美妆健康协会的重要意义:一是织密人脉网络,二是畅通信息渠道,三是扩大宣传窗口,四是便捷协助平台,五是加大话语权重。

茅利荣主任还强调,要充分发挥美妆健康协会职能作用,更好地协助中国美妆小镇履行美丽公约,服务企业,协调、监督和维护企业的合法权益,以及协助政府部门加强行业管理。管委会将在思想上、舆论上、行动上充分支持美妆健康协会开展工作,同心协力,共谋发展,共同办好协会,共同铸就辉煌与荣耀。

当日,美妆健康协会还举行了第一次常务理事会会议,选举产生美妆健康协会第一届常务理事会会长、副会长、秘书长、监事、副秘书长、常务理事。束毅峰在当选为首届会长后表态发言说:"非常荣幸当选为美妆小镇美妆健康协会会长,我将当好协会的组织者,尽快组织起协会的日常工作;当好协会的联络者,充分促进协会会员之间沟通交流,互通有无;当好协会的推动者,加强与政府以及相关行业协会的交往与合作,力争把协会打造成一个政策、信息、技术、人才交流的大平台。"

协会成立当天,侯军呈作为普通一员和大家一起参与到中国美妆小镇"第四届玫瑰文化节"的活动中。此后协会组织活动,只要没有特殊情况,侯军呈都坚持参加,从不掉队。

美妆健康协会成立大会

2021年6月10日,《中华工商时报》以《浙江两协会跨省"取经",积极推进长三角地区日化行业融合发展》为题,对美妆健康协会做了报道。

> 日前,浙江省杭州市化妆品行业协会和中国美妆小镇美妆健康协会联合组团前往江苏省苏州、扬州学习考察,与江苏日化协会、苏州日化协会以及相关企业共话深化战略合作,共谋高质量发展,积极推进长三角地区日化行业融合发展。
>
> 中国美妆小镇美妆健康协会是入驻企业成立的一个行业协会,和杭州市化妆品协会一起为中国美妆小镇的建设发展,以及长三角地区日化企业联合发展做了大量有益工作。
>
> 这次两家协会会长、副会长、秘书长和骨干会员企业代表30多人,先后参观考察了江苏省杭集高新技术产业开发区和御梵集团、凌琳日化、绿叶科技集团、谢馥春等同行企业,深入企业总部、生产车间,了

解品牌和产品;开展座谈交流,畅谈发展历程,相互学习成功经验,共谋合作大计。同时考察团围绕新型技术、资源共享和市场发展等话题展开了深入的沟通与交流。

中国美妆小镇美妆健康协会荣誉会长、杭州市化妆品行业协会会长侯军呈说:"这次跨省到江苏学习考察,是一次践行长三角一体化发展战略之旅。杭州、湖州、苏州、扬州同处长三角,我们要抢抓国家战略的重大发展机遇,充分发挥商协会的桥梁与纽带作用,积极推动日化企业在更好服务国家发展大局中作出应有贡献。"

中国美妆小镇美妆健康协会副会长兼秘书长陈民认为,这是一次整合行业资源、谋求合作共赢之旅,促进了两省化妆品协会间的交流和紧密合作,进一步推动协会与各企业间的供应链资源共享。

五十一、凌飞加盟

2020年初,一场突如其来的新冠肺炎疫情打破了许多人原本平静的生活,也改变了许多人的人生轨迹。现任化妆品产业(湖州)投资发展有限公司董事兼执行总经理凌飞的人生足迹,也因为受到侯军呈的影响,在这一年发生了变化。

凌飞祖籍也在温州,原先也是一个媒体人,在浙江电视台经济频道《天下》栏目担任制片人。1999年,凌飞认识了刚从义乌到杭州创业的侯军呈,因为业务关系,两人经常接触交往,他对这位年轻同乡的敬业创新精神和大气坦荡的为人十分欣赏。几年下来,两人成为无话不说的好朋友。

2003年,凌飞响应国家西部大开发的号召离开电视台,到西部地区参与小水电投资建设。后来又到贵州铜仁、凯里、兴义、贵阳等地从事房地产开发、资产管理等投资项目,期间还参与投资贵州茶叶深加工等扶贫项目。

虽然和侯军呈相隔千里,但两人经常打电话,相互问候,碰到困难时相互帮助。凌飞清晰地记得,10多年前在贵州开发茶多酚产品,侯军呈曾给他最大的帮助,帮助他联系浙江茶叶研究所寻找技术支持和合作,利用自己的人脉资源帮助他们推广产品。侯军呈热情大度的性格,不但给凌飞留下了深刻的印象,也感染了他的事业抉择,经常参加侯军呈组织的一些活动。

侯军呈与凌飞合影

2015年,侯军呈和湖州市吴兴区领导开始谋划建设中国美妆小镇,促进中国化妆品行业健康发展,形成化妆品制造业三足鼎立的新格局。期间,凌飞多次受邀参加相关项目的策划论证,是一个不"在编"的参与者。如美妆小镇刚起步时,曾创建设立一个发展基金,凌飞就参与筹建工作;中国美妆小镇为了加强配套设施建设,曾考虑和绿城地产合作开发旅游地产,凌飞参与了整套方案的策划和评审;在投资10多亿元的珀莱雅总部建设以及美妆小镇化妆品科技孵化园项目中,凌飞作为房地产开发专业人士和侯军呈的好朋友，积极参与项目规划、工程建造、成本结算等工作。在20年的接触交往中，凌飞对侯军呈的为人处事和事业心、责任感都有与众不同的认识。

2020年春节后的一天，刚刚在海南三亚过完春节回到杭州的侯军呈就把凌飞约到珀莱雅化妆品企业总部。那一天，他们海阔天空聊了六七个小时，最后集中到一个主题上来，侯军呈邀请凌飞出任化妆品产业（湖州）投资发展有限公司执行董事，携手进行新的创业，打造中国美妆小镇升级版。受侯军呈的感染，凌飞二话没说就答应下来，义无反顾地把自己在贵州的事业托付给职业经理人，一心一意投入到中国美妆小镇的新事业中来。

凌飞的到任给化妆品产业（湖州）投资发展有限公司和中国美妆小镇事业注入新的血液，带来新的活力。作为有几十年管理经验的企业家，他对公司的框架结构做了新的调整，更加注重公司的人文建设，营造和谐的工作氛围，调动员工的创造性和积极性，让公司显得更有生命力。作为一个有着10多年房地产开发经验的管理者，凌飞在主抓科技孵化园等配套项目建设中，更加注重务实思考和效益提升，注重提升优质服务，让入驻企业拥有更多获得感和幸福感。作为一个有着多年媒体从业经验的开拓者，他高度重视企业形象建设，明白轻重缓急的工作节奏，在招商引资等重点工作中有的放矢，成绩斐然。两年来，他接触考察过200多家企业，有100多家企业明确入园意向，让美妆小镇魅力四射。

侯军呈每次和人谈起凌飞，常常赞不绝口。他说，凌飞是被自己"拖下水"的，两年来，凌飞在中国美妆小镇工作从不计较个人得失，在为中国美妆小镇的建设默默无闻地奉献着。有时候，感觉自己欠他太多太多。

凌飞加盟中国美妆小镇的两年，正是新冠肺炎疫情肆虐的两年，许多行业深受影响，困难重重，中国美妆小镇也因此受到巨大影响。再加上规划调整、用地指标受限等政策影响，许多有投资意向的企业无法落户，但他还是任劳任怨地工作。他说，和侯军呈相比，我们这一点付出不算什么，是侯军呈带领我们这样干的，是侯军呈给了我们走向未来的力量。

和大多数在中国美妆小镇工作的人员一样，只要有人表扬自己，他们总习惯把自己和侯军呈做比较，说自己做得不够好，表示要以侯军呈为榜样，为美妆小镇贡献更多力量。

凌飞的加盟，让我们再次深深感受到侯军呈在中国美妆小镇的付出和魅力。

五十二、美美与共

玫瑰一向是浪漫爱意的代名词，传说在古希腊神话中，植物之神阿多尼斯是维纳斯的情人，有着如花般俊朗的面孔。他在打猎中遭到野猪袭击而第一次死亡时，第一朵玫瑰就诞生在他的鲜血中。因维纳斯的帮助，每年他都会化为植物再次重生，永葆青春，这棵植物即为玫瑰。自此，玫瑰就象征着"超越死亡的爱情"。

每年5月，法国的格拉斯都会举行盛大的玫瑰节。格拉斯玫瑰节的活动包括玫瑰展览、玫瑰评选等项目，来自法国、意大利、荷兰、肯尼亚等国的数万枝形态各异的玫瑰竞相绽放，粉黛氤氲，芬芳弥漫，常常令人流连忘返。

从2018年开始，侯军呈策划推动中国美妆小镇的首届"玫瑰文化节"后，每年一度的玫瑰文化节就成了他心中的记挂，和每年一度的化妆品行业领袖峰会一样，成为他要打造"东方格拉斯"的一种向往。

6月10日，一年一度的玫瑰节又来了。"美美与共·美妆小镇云享荟暨第三届国际玫瑰文化旅游节"又一次在中国美妆小镇拉开帷幕。与前二届不同的是，本届活动融入了更多生态旅游及时尚文化元素，以花为媒，将美妆产业和生态旅游产业串点成线，以打造"时尚谷"的全新姿态加快融入长三角一体化发展。

那天上午,侯军呈和茅利荣刚参加过美妆健康协会挂牌成立仪式,下午就陪同湖州市副市长施根宝、湖州市商务局副局长王坚、湖州市文旅局副局长王栋、吴兴区副区长傅远超和金斌斌等市区领导和来自长三角地区近百位业内人士来到四季玫瑰庄园参加活动。

四季玫瑰庄园作为中国美妆小镇入驻企业重点打造的项目,依托中国美妆小镇良好的生态资源、深厚的文化底蕴以及优美的山水资源,以玫瑰种植为主线,融合休闲观光、娱乐游憩、节庆活动、会议展览、销售体验等功能,着力打造以玫瑰文化为核心的综合型农旅观光项目,带动农村集体经济增收,建立玫瑰原材料基地。

如今,在中国美妆小镇的四季玫瑰庄园内,不仅有数百种玫瑰及9999棵玫瑰树傲然而立,现场还有玫瑰精油提炼、玫瑰SPA体验等活动,一二三产融合业态,完美呈现了美妆全产业链的融合。当年侯军呈引进的季梅这"一朵玫瑰",现已绽放出别样精彩。

侯军呈向来宾介绍,作为全国三大化妆品产业集聚中心之一,中国美妆小镇的发展目标就是要打造美妆"时尚谷"、"东方格拉斯"。本届国际玫瑰文化旅游节以花为媒,将美妆产业和生态旅游产业串点成线。

在卡美啦网红主播现场直播中,与会人员及数万名线上观众"云游"美景。当天,中国美妆小镇美妆健康协会和吴兴区民宿协会授牌,美妆小镇网红直播基地也正式启动运营。美妆购物中心和卡美啦直播中心以线下线上互动的模式,为美妆小镇企业开拓市场添力助威。

中国美妆小镇是全国首个地市级生态文明先行示范区和国家生态市。埭溪镇内山清水秀,环境优美,森林覆盖率达70%以上,辖区内的老虎潭水库是湖州市的饮用水水源地,水质达到国家Ⅰ类水标准,具备化妆品生产得天独厚的自然环境。

卡美啦直播美妆欢乐购

中国美妆小镇自建设以来，坚持生产、生态、生活"三生融合"及产业、文化、旅游、社区"四位一体"的发展理念。为了在全球化妆品行业站稳脚跟，在不断发展壮大的同时拉长全产业链，注重补齐整个产业链。以化妆品生产为主导，打造从种植开始，包括研发、植物提取，到生产、包材、印刷，再到下游销售（传统实体店和互联网销售渠道）的全产业链。以低丘缓坡与废弃矿地综合利用，打造高低错落、特色鲜明的花园式小镇格局，可以说是中国美妆小镇践行习近平总书记"绿水青山就是金山银山"重要思想的积极行动。

中国美妆小镇国际玫瑰文化节，到2020年已经连续举办了三届，每一届玫瑰文化节都能聚集众多化妆品行业资深人士，共赏玫瑰，畅谈美妆。在这一次活动中，中国美妆小镇推介了3条云游路线。

路线一：老虎潭水库。

"行到水穷处，坐看云起时。"老虎潭水库是美妆小镇所在地最具代表性的景点，这里绿树环绕着青山、白云映照着绿水，驾车自在穿梭于田园之间，累了，可以到埭溪的民宿稍作休憩，整装再出发。

老虎潭水库

路线二：天字山古道。

"拨云寻古道，倚石听流泉。"天字山古道相传是当年朱元璋避难和隐居地点之一，一条环形古道贯穿山宕、里阳和茅坞三个自然村，全程15公里左右。

第六章 追梦人

天字古道

路线三：时尚美妆线。

中国美妆小镇推出了"时尚谷"，美妆企业云集，非常适合时尚产业与业态的植入，能够再次引领美与时尚的潮流，打造美妆研发制造的高地、购物体验的天堂，成为视觉盛宴、嗅觉天堂。

美妆大厦

俗话说，上有天堂，下有苏杭；天堂中央，吴兴风光。吴兴素有"长三角之心"的美誉。侯军呈心中是这样描绘小镇蓝图的:"打造一个国际化的像法国格拉斯、普罗旺斯、化妆品谷一样的平台,一个行业内全球知名的平台。"

侯军呈期望中国美妆小镇的未来,以世界风情为风貌,以美丽湖州为灵魂,以美妆与文旅为核心动力,美美与共,打造一个玫瑰花海簇拥着的"东方格拉斯",不断焕发出影响世界的生机与活力,向着梦想更高处迈进!

五十三、助建美丽乡村

位于埭溪镇西北部约 10 公里的五石坞村,原先是一个典型的山区小村庄。全村共有 323 户 1175 人,辖崇塘、长兴畈、五石坞、里阳四个自然村。全村有山林面积 7543 亩、水田 5489 亩,农林产出以毛竹、竹笋、茶叶等为主。

五石坞村

2008 年年底,从小山村走出去的大学生陈伟通过考试,又回到了老家五石坞村当村干部。陈伟是一个肯吃苦有思想的村干部。2013年，五石坞村被列入美丽乡村创建名单，陈伟看到珀莱雅的发展态势，有意借船出海，邀请珀莱雅的几位管理层到村里走走。他们沿着蜿蜒曲折的乡间道路，七拐八拐地来到了村里，与淳朴的村民聊村里的发展，聊村里的集体收入，聊村民的生活状况。

侯军呈听说五石坞村集体一年收入不到7万元，大量农村妇女因为要在家要照顾老人和小孩，只能在每年春季上山采点茶叶、做点短工，挣一些微薄收入。联想到自己少年的艰辛和创业的艰苦，他决心帮助村民走上共同致富道路。

侯军呈的第一个想法就是帮助村民寻找工作。他和珀莱雅管理层一起精心制定了一个帮扶方案，决定在五石坞村建立埭溪镇第一个委托折叠面膜的加工点。在侯军呈的带领和安排下，珀莱雅企业不定期派遣生产和质量管理人员进村送设备、送技术、送人才，手把手传授村民快速操作方式、现场安全及卫生管理技能，为村里50多位妇女解决了工作岗位，使村里的妇女不仅可以照顾到家里的一日三餐，还能获得每天120多元的工资收入，一年可增加收入近4万元，实现了在家门口灵活就业、弹性工作的美好生活。

村民潘秋月的丈夫因患疾病，不能从事体力劳动，膝下一对儿女还在学校里读书，家里缺少经济来源，生活十分困难。自从珀莱雅在村里设立折叠面膜加工点后，潘秋月积极参与加工生产，通过在家门口的劳动收入支持儿女完成学业，承担起家庭生活开支。如今女儿杨林赟已大学毕业参加工作，儿子杨林斌也考上大学，生活越来越美好。说起自己的家庭，她总是要夸侯军呈的好。

7年来，在侯军呈和珀莱雅人的帮助支持下，五石坞村村民累计增加收入1000多万元，开始走上共同富裕的道路。在此基础上，侯军呈还计划进一步扩充长兴畈、里阳等自然村加工点，投入100多万元把以往的纯手工折叠面膜入袋改为自动化设备操作，帮助村民提升工作效率，减轻劳动强度，增加总体收益，让五石坞的加工点更好地对接中国美妆小镇的化妆品公司，让更多的村民创收增富。

五石坞村是一个自然环境非常优美、生态资源良好的自然村落，有风景秀丽的五四水库，还有具有千年历史的黄岩禅寺。随着国家乡村振兴计划的推进，侯军呈的第二个想法是结合五石坞村的自然资源优势，推动五石坞村探索生态旅游开发，延长农业产业链，提高农业附加值，让家家户户的房前屋后都变成小花园，形成了"梅岭慢谷，香溢十坞"的慢生活的休闲娱乐山水田园景观村落，让村集体经济壮大起来。

经过和村"两委"的多次商议，侯军呈决定依托自身人脉关系，帮助五石坞村因地制宜开发利用天字古道的旅游资源，打造乡村创客小屋、五石坞景点服务中心，通过发展民宿经济、农家乐及土特产加工销售等渠道，激活农村发展旅游的要素资源，让五石坞村成为一张产品优、人气旺、效益高的乡村旅游名片。

在推进五石坞村发展生态旅游的过程中，侯军呈不时组织邀请文旅企业朋友、媒体的朋友去认识、了解、推广五石坞，与村里共同打造五四水库慢生活花海垂钓区。同时通过中国美妆小镇美妆健康协会，推动园区内企业与工会联动，组织企业到五石坞村举办团建、员工生日会、员工拓展活动，同时辐射更多的供应商、合作伙伴等走进五十坞，打造精品农旅、文旅和美妆工业旅游串联叠加的丰富多彩的活动项目，进一步挖掘五石坞村特色文化，展示和提升五石坞村旅游设施项目。

经过多年努力，目前五石坞村村级集体经济收入已达 70 万元以上，农民人均收入超 3.2 万元，跨入一个新时代。

近年来，随着美丽乡村精品村创建活动的持续推进，五石坞村迎来新一轮的发展机遇。侯军呈带领珀莱雅集团积极参与五石坞村的精品村创建活动，将生态振兴作为村企结对助力共同富裕的关键环节，全力配合村两委将工作推向深入，助力村集体经济持续健康发展。在全面开展村内道路硬化、路灯亮化、村庄洁化等基础设施建设的基础上，侯军呈还立足村内资源实际，帮助五石坞村打造了景观风车、溪水体验、花海风景等乡村旅游景点。通过村企间的默契合作，最终将五石坞村打造成浙江省美丽乡村特色精品村。

第六章　追梦人

五石坞美丽乡村精品村

如今的五石坞村面貌变化显著，人居环境持续提升，产业资源有效利用，村民增收渠道增加，原先的菜地成为美丽庭院，"梅岭慢谷，香溢十坞"的慢生活和田园景观随处可见，村民的富裕程度和幸福感迈上了新的高度。侯军呈带领村民和珀莱雅人一起走出了一条"乡贤领衔、村企互促、同心共富"的乡村振兴新路径。

五十四、来自法国的勋章

秋天，是丰收的季节。2020 年的金秋九月，侯军呈获得一份特殊的礼物。法国化妆品谷主席、瓦德勒伊市市长、LVMH 路威酩轩集团秘书长马克-安东万·佳美在当地市政厅举行仪式并发表致辞，对中国美妆小镇在当地疫情期间无偿捐赠 10 万只口罩表示诚挚感谢，并亲自授予中国美妆小镇总顾问侯军呈先生荣誉勋章！

荣誉勋章

10万只口罩，对于2020年的中国企业外援来说，并不是一个很大的数字。侯军呈凭什么赢得法国地方政府给予的特殊勋章奖励呢？原来，这里面不仅仅有感谢侯军呈援助防疫应急物资的因素，还融进了一种民间外交的友谊成分。

Moet的全称是Moeumlt & Chandon（酩悦），成立于1743年，是全球最受欢迎的香槟酒品牌之一。Hennessy（轩尼诗）则成立于1765年，是世界上销量数一数二的干邑酒厂。相对而言，有百余年历史的Louis Vuitton（路易威登）反而还显得比较"年轻"，它成立于1854年，是高档皮具生产业的头号企业。

1981年，Moeumlt & Chandon与Hennessy两大酒厂合并，组成了Moet Hennessy酒业集团；1987年，该公司又与Louis Vuitton合并，才形成了现在的奢侈品帝国的前身LVMH（Louis Vuitton Moet Hennessy）集团。随后，该集团不断扩张，通过资本运作兼并了许多其他奢侈品牌，逐渐在高档用品制造领域树立了霸主地位，成为全球头号奢侈品集团。

在侯军呈带领中国美妆小镇前往欧洲招商之前，法国人很少了解中国的化妆品行业，中国化妆品在法国几乎是一个空白地带。2015年10月，侯军呈在法国卢浮宫宣称："我们将在中国湖州打造一个全新的、世界级的中国化妆品产业集聚地，来全面提升中国化妆品产业的发展水平，造福中外消费者，并为全世界有梦想的化妆品企业提供一个创业平台。"

法国人此时才开始关注中国化妆品行业，马克-安东万·佳美特别欣赏这位中国化妆品行业领军人物的气度和格局。随着交往的增多，双方渐渐成为好朋友。每次侯军呈到法国参加行业聚会，马克-安东万·佳美都要邀请他坐在自己旁边，一起开心畅聊。

2020年，一场突如其来新冠疫情，不仅打乱了中国春天的脚步，也打乱了世界前进的脚步。疫情暴发初期，侯军呈以最快的速度带领中国美妆小镇及珀莱雅设立1500万元抗疫基金，支援武汉等地疫情防控阻击战。

在国内疫情稍做稳定后，侯军呈就将目光从国内投向海外。早在2020年4月，一大批贴有"爱心捐赠"的防疫物资，就在珀莱雅湖州生产基地的物流仓库整装待发，分多批发往捐赠地。首批向法国捐赠了5万只口罩。

捐赠口罩

在联系了当地的政府、使馆、留学生组织、化妆品行业协会及一些华人华侨商会之后，中国美妆小镇将第二批发往法国的防疫物资中的2万多个口罩，捐赠给了法国的瓦兹省，那里是法国最早暴发疫情的重点灾区。

5月，国际疫情风云巨变，交通管控更加严格。法航飞机到达上海后，飞行员因新冠肺炎确诊，不得不在上海隔离治疗，捐赠行动一度搁浅，成为当时中法两国媒体关注的热点。此时，欧洲疫情正处在最严重的时刻，法国LVMH路威酩轩集团秘书长马克-安东万·佳美等先后给侯军呈这位充满豪情侠气的中国朋友写信，请求支持口罩等防疫急需物资。

当时口罩是国内防疫紧缺物资，在法国则成了政府高度关注的战略物资，运输分配都受到政府的监管制约。侯军呈筹集到口罩后，分批将口罩送往法国，但在进出关时都碰到困难。5月26日，中国美妆小镇捐赠物资终于完成清关手续。

根据计划，侯军呈将这批口罩分别捐赠给法国瓦兹省国民议会，分发给法国化妆品谷、法国美容化妆品学校、巴黎高等综合理工学院留学生组织，以帮助大家做好安全防护。其中有2万个口罩直接捐赠给法国议会，受到法国的欢迎。

应法国国家议会副议长的请求，法国华人华侨会任俐敏主席受邀代表侯军呈参加了口罩捐赠仪式。任俐敏说，中国美妆小镇能够走出国门，在大灾前面展示大爱，把中国的大爱传统传播给全世界，展示了中国民族企业的担当。

除了捐赠给法国的口罩，还有10万余件的口罩和医疗物资，美妆小镇也按计划发往了欧洲多地。5月21日，捐赠给西班牙的2万只口罩顺利到达，随后发往意大利的3万个口罩捐赠工作也如期完成。

这份美丽援助，温暖了全世界。疫情期间，侯军呈带领中国美妆小镇团队携手珀莱雅企业心系海外，同心抗疫，先后向法国、英国、澳大利亚、韩国、西班牙等国捐助口罩超过20多万个，得到了国际友人的积极肯定。西班牙菲戈尔实验室负责人、马德里IFEMA方舱医院负责人等国外友人也纷纷发来了感谢信，对美妆小镇及珀莱雅给予的帮助表示感谢。侯军呈以民间外交的方法，为自己、为中国美妆小镇，也为国家赢得了荣誉。

一个人因为一个镇实现梦想，一个镇因为一个人而闪闪发光，双向努力的成全，注定将花开遍地、名满四方！

五十五、用"美"链接全球

2015年10月15日，中国美妆小镇在法国巴黎卢浮宫举行全球首次新闻发布会，侯军呈在会上向世界坦言他的"中国化妆品产业梦想"，将在中国的湖州建设一个全新的、世界级的化妆品产业集聚地，全面提升中国化妆品产业发展水平，并为全世界有梦想的化妆品企业提供一个创业平台。此后，侯军呈的人生就发生了全新的改变，链接全球资源，拓展国际市场，成为他努力的新方向。精心策划举办每年一次的全球化妆品行业领袖峰会，成为他以"美"为媒链接全球的重要载体。

2020年11月8日至9日，第六届化妆品行业领袖峰会暨浙江省化妆品产业高质量发展大会在湖州吴兴隆重举行。峰会以"新科技、新品质、新品牌"为主题，邀请了360余名海内外业界精英共商行业发展，共享行业资源，高标准打造长三角"时尚之心"和浙江省化妆品产业高质量发展示范区。

与往届峰会不同，国家有关部门和浙江省政府积极参与本届峰会，国家药监局副局长颜江瑛到会讲话，浙江省副省长陈奕君宣布大会开幕，国家药监局化妆品监管司司长李金菊解读《化妆品监督管理条例》，浙江省把化妆品产业高质量发展大会和峰会融合在一起举行，这是被列为国家进口博览会配套活动后，又一个重大突破。侯军呈作为全国工商联美容化妆业商会副会长、"中国美妆小镇"总顾问致开幕词并介绍会议有关情况。

侯军呈在开幕致辞中强调，"中国美妆小镇"规划在中国湖州建设一个全新的、世界级的中国化妆品产业集聚地，将这份"美丽产业"引入青山绿水间，建设成一个以美为核心文化的、错落有致的、依山傍水的花园式产业园区。同时围绕"产、城、园"融合发展，致力于打造一个国际化、全产业链的资源共享、合作共赢的美丽时尚之都——"东方格拉斯"。

侯军呈在致辞中介绍,从 2015 年至今,美妆小镇已连续举办了六届化妆品行业领袖峰会,努力用协会的力量推进产业的发展。作为美妆小镇从无到有,从概念到现实的见证人,他们的梦想是建设中国美妆小镇,振兴民族工业,唱响民族品牌。作为服务行业发展的"店小二",他们将为所有的行业同仁服务,在迈向国际化的过程中,整合国际资源,共同改变化妆品行业的发展格局,造福中外消费者,提升中国化妆品的世界地位。

颜江瑛在讲话中指出,党的十九届五中全会审议通过了《中共中央关于制定国民经济和社会发展第十四个五年规划和 2035 年远景目标的建议》,是今后 5 年乃至更长时期我国经济社会发展的行动指南。《建议》提出以推动高质量发展为主题,以深化供给侧结构性改革为主线,明确提出把科技自立自强作为国家发展的战略支撑,把扩大内需作为战略基点,强调把新发展理念贯彻到发展各领域和全过程,把安全发展贯彻到发展各领域和全过程。化妆品产业也应以此为指导原则,以创新、规范和安全求更健康快速发展。

国家药监局副局长颜江瑛讲话

颜江瑛说，当前经济社会发展正站在新的历史起点，化妆品行业也迎来了历史性发展机遇。本次大会搭建了中国与世界化妆品行业交流与合作的平台，向世界展现了中国化妆品的良好形象。期望浙江化妆品产业百尺竿头更进一步，期望美妆小镇继续秉持国际视野，进一步讲好"美丽故事"，弘扬"美丽文化"，为中国化妆品行业走向世界作出积极贡献。

2020年6月，国家正式颁布新的《化妆品监督管理条例》，并将于2021年1月正式施行。在这个特殊的节点，国家药品监督管理局、化妆品监管司司长李金菊围绕立法特点和重点内容，进行了新条例的权威解读，为众多美妆企业指明了方向。作为浙江化妆品产业核心承载区，美妆小镇不仅得到了政府的大力支持，并依托《浙江省化妆品产业高质量发展实施方案（2020—2025）》的政策优势，发挥产业基础优势，催动生态人文优势，全力锻造美妆全产业链。

国家药品监督管理局化妆品监管司司长李金菊讲话

2020年7月，浙江省经济和信息化厅和浙江省药品监督管理局联合印发《浙江省化妆品产业高质量发展实施方案》，强调要进一步落实《浙江省人民政府关于加快发展时尚产业的指导意见》，集聚高端要素，完善产业链条，提升产业优势，推动化妆品产业高质量发展，打造千亿级浙江美妆产业，成为"时尚e都"建设中的核心美丽板块。指导意见还提出要强链补链，打造美妆大产业；聚焦化妆品品牌、品质、品类，塑造美妆大品牌；整合资源，搭造美妆大平台；创新模式，构建美妆新业态等具体举措。浙江省药品监督管理局局长徐润龙认为，从品质上看，品牌影响力较弱是国产化妆品的共同困境，在品牌文化和宣传方面，国产化妆品还有较长的路要走。美妆发展要打造特有的品牌，浙江将推动实施"品牌、品质、品类"三品战略，支持企业制定自主品牌发展战略，强化高水平研发设计，开拓中高端市场，加强浙江名牌产品培育，打响"浙江美妆"品牌。

浙江省化妆品产业高质量发展大会放在湖州召开，国家和省有关部门领导参会并讲话，给湖州市支持中国美妆小镇建设增添新的信心。

湖州市人大常委会党组书记、主任孙贤龙在会上表示，湖州市委、市政府高度重视美妆产业，自2019年起，化妆品行业领袖峰会已成为中国国际进出口博览会的配套活动，美妆小镇正成为湖州走向国际的一大亮点。下一步，湖州将发挥美妆小镇作为"十四五"期间浙江省化妆品产业核心承载区的这一平台优势，聚焦"高质量发展"主题，以"时尚标杆"为标准，努力将小镇打造成为产业体系更全、科技创新更强、人才体系更优、辐射作用更广的长三角地区化妆品产业高质量发展示范区，进一步提升美妆小镇在全球化妆品行业的影响力。

吴兴区委书记吴炳芳也在会上做表态发言。他说，在美妆小镇这片热土上高标准打造美丽产业、高质量壮大美丽经济、高品位打造"长三角时尚之心"，是我们深入贯彻"绿水青山就是金山银山"发展理念的战略之举，是加快推动吴兴经济社会高质量赶超发展的必然选择，也是所有关心支持美妆行业发展的从业者的共同期盼。吴兴将以此次峰会为契机，加快整合国内外化妆品产业资源，高标准建设浙江省化妆品产业高质量发展示范区、核心承载区，使美妆产业成为湖州乃至浙江的"金名片"。

湖州市副市长施根宝、湖州市政协副主席钟鸣和吴兴区领导丁芳芳、宁云、茅利荣、汤益培、傅远超、厉云燕、杨元江等共同出席开幕式。会上，浙江美发美容行业协会、湖州市美发美容行业协会、吴兴区总工会、吴兴美妆小镇管理委员会签订"浙江省美妆技能大赛议定书"，以浙江首创的形式合力推动美妆产业工人队伍建设改革。同时，在全国首创建立"长三角G60科创走廊及环太湖城市职工美妆技能大赛联盟"。

与此同时，大会还举行了项目签约仪式和"化妆品创新监管与高质量发展示范基地"授牌仪式，首次以区域合作、美妆研究中心项目、科技人才项目、产业项目等"四个一批"的形式进行集中签约，共签约项目是23个，总投资70亿元，项目涵盖高校高端人才、领军人才项目，涉及新材料、大数据平台等科技产业，极大丰富了小镇美妆相关产业发展潜力。

授牌仪式

除了产业项目的布局之外，中国美妆小镇从输入新业态到产镇融合，立足平台培育，引进卡美啦网红直播基地，布局100个网红直播间，打造全国最大的美妆网红直播中心，预计年交易额将超百亿元。

中国美妆小镇因"美"而生，向"美"而动，以"美"为媒，其新目标不仅仅局限于打造一个平台、培育一个产业，而是面向国际视野、结合时代潮流、契合产业导向，讲好"美丽故事"、做好"美丽产业"、弘扬"美丽文化"，它正吸引着越来越多的行业关注，用"美"链接全球。

五十六、迈向新征程

浙江是中国革命红船的起航地、改革开放的先行地、习近平新时代中国特色社会主义思想重要萌发地。浙江省的特色小镇不是行政区划单元上的一个镇，也不是产业园区的一个区，而是按照创新、协调、绿色、开放、共享发展理念，聚焦浙江信息经济、环保、健康、旅游、时尚、金融、高端装备等七大新兴产业，融合产业、文化、旅游、社区功能的创新创业发展平台。

2015年1月，时任浙江省省长李强在浙江省"两会"的《政府工作报告》上这样描绘特色小镇："以新理念、新机制、新载体推进产业集聚、产业创新和产业升级。"此后，特色小镇便吸引了各方关注，成为浙江省"2015年重点工作"之一。中国美妆小镇的建设可以说生逢其时，赶上好时代。

据介绍，特色小镇的灵感来自国外的特色小镇，如瑞士的达沃斯小镇、美国的格林威治对冲基金小镇、法国的普罗旺斯小镇，产业富有特色，文化独具韵味，生态充满魅力，对浙江优化生产力布局颇有启迪。中国美妆小镇参照的法国格拉斯小镇是全球顶级的香水生产地和度假胜地，有着"世界香水之都""世界上最香的小镇"等诸多美誉，引领了一种自然和谐浪漫的生活方式，具有非常鲜明的特色和生命力，为中国美妆小镇描绘了美好的前景。

改革开放以来特别是"八八战略"在浙江实施后，民营经济发达、创业创新勃发、山水资源充沛、民间资本雄厚、市场主体活跃的浙江优势得到进一步体现。在特色小镇特色创建的企业主体、政府服务、政企合作、联动建设，政府建设、市场招商三种主要创建模式中，由政府负责小镇的定位、规划、基础设施和审批服务，引进民营企业建设特色小镇的第一种模式，成为"跳出旧体制,打造新载体"的新模式,中国美妆小镇选择的就是这一种模式。相比政府做好大规划,联手大企业培育大产业和政府成立国资公司,根据产业定位面向全国招商的模式,更具浙江特色和发展生机。

2015年4月,浙江省政府出台了《关于加快特色小镇规划建设的指导意见》,对特色小镇的创建程序、政策措施等做出了规划。根据这个指导意见,特色小镇规划面积一般控制在3平方公里左右,面积相当于半个西湖,而建设面积一般控制在1平方公里左右,原则上3年内要完成固定资产投资50亿元左右(不含住宅和商业综合体项目),并要求建设成为AAA级以上景区。

2016年1月,中国美妆小镇被列入浙江省第二批特色小镇创建名单。开工建设第一年,就成功签约引进海内外优质项目22个,计划总投资达85亿元。与此同时小镇的自身建设也在有序进行。3月28日,首批集中开工的15个重点项目总投资就达20.91亿元,包括美妆小镇检测研发中心项目、科技孵化园项目、创兴化妆品包装生产项目、满盛化妆品包材项目、美妆文化园项目5个产业项目,及创业大道东延工程、小羊山路工程、104国道绿化景观工程等10个基础设施项目。11月18日,中国美妆小镇化妆品博物馆项目正式开工建设。资料显示,该项目占地16752平方米,总建筑面积10484平方米,总投资超亿元,建成后将成为全国甚至全球最大的化妆品主题博物馆。

国际美妆时尚博览中心

2016年3月23日，央视《焦点访谈》栏目对浙江的特色小镇建设做深度报道，把中国美妆小镇作为浙江省推动供给侧改革的典型案例进行介绍。同年5月，中国美妆小镇成功入选浙江省"全省十大示范特色小镇"，并在省经信委主编的《调研与建议》中作为成功案例加以推广。9月29日，在第二届中国化妆品行业领袖峰会上，中国美妆小镇又获得由中国香料香精化妆品工业协会、全国工商联美容化妆品商会授予的"美妆创新贡献奖"和"中华美业特殊贡献奖"。12月，中国美妆小镇名列浙江省经信领域评选出的13个行业标杆小镇之一。

中国美妆小镇自建设以来，坚持"美妆产业集聚中心、美妆文化体验中心、美妆时尚博览中心、美妆人才技术中心"四大目标定位，构建以美妆为主导的全产业链，致力建设世界级美妆产业高地，打造"东方格拉斯"。2018年12月18日，在武汉东湖之畔举办的一年一度的中国化妆品工商首脑会议暨2018化妆品报社冬至夜宴上，中国美妆小镇管委会主任茅利荣介绍说，3年来中国美妆小镇已先后与法国化妆品谷、沙特尔市、高等美容美妆学院、大韩化妆品协会、韩国乌山市、摩洛哥、保加利亚国家精油生产与贸易协会等20多个国家的政府机构或行业协会签订了战略协议，引进项目100多个，实现投资180多亿元，合作方遍及世界的美妆小镇信心十足。今日美妆小镇，明日"东方格拉斯"。

浙江省政府对特色小镇建设每年都要进行年度考核，评选优秀、良好、合格、警告、降格等不同等级，有奖有罚，实行降格或淘汰机制。而且每年考核标准在不断完善，如2016年主要考核投资额和特色度，2018年则从包含特色产业、基础设施、公共服务、创新创业、人文气息五个特色小镇发展关键性维度构建发展评价综合指数进行考评。2020年10月，浙江省特色小镇规划建设工作联席会议办公室根据浙江省政府安排，组织对省级特色小镇创建和培育对象2019年度建设工作和成效进行了考核并公布了考核结果：27个小镇为优秀；35个良好；40个合格；4个警告；4个降格，由省级特色小镇创建对象降格为省级特色小镇培育对象。中国美妆小镇获评省级特色小镇创建对象优秀等级。

2020年11月,浙江特色小镇官网发布全省132个特色小镇传播指数榜,中国美妆小镇"美丽突围"荣登榜首

12月24日,浙江省召开新时代美丽城镇和特色小镇建设工作推进会,时任浙江省委副书记、省长郑栅洁亲自为全省第四批命名的20个小镇授牌,吴兴区副区长、埭溪镇党委书记厉云燕代表中国美妆小镇上台接牌。

吴兴区副区长、埭溪镇党委书记厉云燕代表美妆小镇上台接牌

厉云燕说:"中国美妆小镇的建设发展凝聚了历届领导班子和广大干部群众的智慧力量和心血结晶,特别是总顾问侯军呈的努力和奉献。下一步,我们将严格按照省里提出的产业定位特而强、功能叠加聚而合、建筑形态精而美、制度供给活而新的要求,依托《浙江省化妆品产业高质量发展实施方案(2020—2025)》的政策优势,发挥产业基础优势,催动生态人文优势,全力打造美丽经济的美妆板块,在国际舞台绽放'在湖州看见美丽中国'的独特魅力,为全市建设重要窗口做出更大贡献。"

看到中国美妆小镇蓬勃发展的图景,听到领导和群众对他的肯定和点赞,侯军呈为自己的努力找到了价值,为迈向新征程找到了新动能。

后记

好样的，侯军呈

侯军呈是我写书介绍的第三个温州人。

家乡温州，在当代中国改革开放历史上是一个闻名遐迩的地方，温州人以敢闯、敢拼、肯吃苦和善于经商蜚声海内外。历史上，温州曾以文化发达而闻名。在清末到民国年间，浙江省流行这样一句话："做生意靠宁波人，打官司靠绍兴人，读书靠温州人。"当年的京师大学堂到北大早期，担任教员的温州人就有十几个，数量远远超过其他地区。温州有个南怀瑾，则是当代温州的文化标志。为了介绍文化温州，乡贤南怀瑾成为我写书并向读者介绍的第一个温州人。

虽然我推崇温州文化，但我从事的工作毕竟和经济相关，30多年来，我一直关注温州经济发展，关注温州商人群体，在大量熟悉的温州商人传奇中寻找有写作价值的故事。

2015年10月，我国科学家屠呦呦荣获诺贝尔生理医学奖，实现了中国人在自然科学领域诺贝尔奖零的突破。消息传来，举国欢庆，群情振奋。然而在我的报道记录里，温州人赵章光在2014年4月就踏上了冲刺诺贝尔生理医学奖的梦想之路。20世纪80年代，赵章光发明"章光101"生发水，曾获得多个世界大奖。21世纪初，赵章光开始研究利用天然植物红豆杉治疗失眠，得到联合国秘书长潘基文等名人和专家的充分肯定。在诺贝尔奖得主、哈佛大学终身教授埃里克·马斯金（Eric Stark Maskin）等鼓励下，赵章光开始冲刺诺贝尔奖。

为了让中国的中医药更好地走向世界，2014年12月28日，赵章光借章光101集团举办40周年庆典之际，特邀负责诺贝尔生理医学奖评选的瑞典卡罗林斯卡医学院代表来北京考察，在科技部、国家卫计委和国家食品药品鉴定研究院等单位领导见证下，双方签订了合作草案。2015年2月9日，双方在瑞典正式签署有关生命科学的科研合作协议。

2015年10月，喜讯传来，在20世纪70年代发现青蒿素治疗疟疾新方法的中国科学家屠呦呦获得诺贝尔生理医学奖。这是一种巧合，还是一种关联，谁都说不清楚。因此，我写作出版了《一切皆有可能：赵章光和101传奇》。赵章光是我写书并向读者介绍的第二个温州人。

这些看似普通的温州人故事，却和家国荣誉紧紧连接在一起。如在我国申办2008年奥运会的过程中，时任中国驻波兰特命全权大使的温州人周晓沛，曾为北京获得主办权拉来了关键的一票。在20世纪轰动一时的"中国质量万里行"组委会里，有一位直从事质量管理工作的温州人金良超，活动就是因他而动议，在他家里酝酿策划的，可以说，他是"中国质量万里行"的催生者。

侯军呈，也是一个有故事的温州人。

我认识侯军呈有20多年了。20世纪末，他从义乌来到杭州创业，我从温州调到杭州工作，我们两家住得不远，经常往来走动。交往中，我发现他身上有着很鲜明的温州商人特征。他敢闯敢拼，为了打造民族化妆品品牌，他毫不犹豫地把代理销售国外化妆品赚来的2000多万元资金全部投入到新产品开发和推广上；为了打响"珀莱雅"化妆品品牌，他不惜投巨资邀请叶茂中等机构设计品牌策略，邀请陈红、陈好、高圆圆、蒋大为、大S、林依轮等明星参加公司举办的营销精英大会，为员工鼓劲。

更难能可贵的是，温州人讲义气守信用的秉性被侯军呈演绎得淋漓尽致，而且散发出一种十分朴素的领导哲学和共同富裕的元素。如在老家大荆镇开办汽修厂时，他家里每天每餐都要开两三桌饭，许多朋友长年在他家"蹭饭"。他刚刚富起来到杭州创业时，四邻八舍都跑来跟他学做化妆品生意，他自掏

后记　好样的，侯军呈

腰包租下宾馆培训这些几乎没有什么营销知识的乡亲，拉着他们走上共同富裕的道路。10多年来，我不断听到他把企业做强做大的好消息。

在中国，在世界，要寻找一个努力把自己的企业做强做大做上市的企业家并不难，但是要寻找一个为了扛起民族产业的旗帜，为了建设共同富裕示范区，为大家舍小家，放下上市公司的大老板身段，赔钱去做行业"店小二"的企业家并不容易。

2015年10月15日，中国美妆小镇全球首次新闻发布会在法国巴黎卢浮宫举行。侯军呈一上场就向世界宣布了他的"中国化妆品产业梦想"，他说："今天，我们带着一个梦想来到巴黎，一个中国化妆品产业的梦想。我们将在中国的湖州建设一个全新的、世界级的中国化妆品产业集聚地，全面提升中国化妆品产业发展水平，造福中外消费者，并为全世界有梦想的化妆品企业提供一个创业平台。"

法国是世界上最大的化妆品产业集群所在地，法国有个"化妆品谷"，拥有800多家美容化妆品企业，集合了娇兰、资生堂、香奈儿等众多国际知名化妆品品牌，同时还拥有7所大学和超过200个实验室，囊括了化妆品的整个产业环节，生产全球约十分之一的化妆品。侯军呈选择在法国、在卢浮宫发布他的梦想，无疑是要告诉世界中国化妆品产业的雄心和地位。

我开始重新审视侯军呈。2016年2月，我在《中华工商时报》发表了《侯军呈：打造中国化妆品的世界地位》的专访，同时开始收集资料，计划对美妆小镇做系列报道。

在后来的日子里，我发现侯军呈出任中国美妆小镇总顾问后，为了帮助美妆小镇招商引资，做好企业落地服务工作，一年365天有100多天在全球飞行，往往上午还在意大利米兰谈判，下午就到法国巴黎招商。为了提升美妆小镇的知名度，侯军呈凭着自己多年的经商人脉，连续6年举办化妆品行业领袖峰会，把世界知名的美妆大咖请到美妆小镇这方热土。为了让落户美妆小镇的企业得到更好发展，作为国家"十四五"规划化妆品行业唯一的企业专家代表，侯军呈经常废寝忘食地深入企业调研，听取各方意见，撰写发展规划，展示出当代民营企业家的产业报国情怀。

在侯军呈和当地政府的共同努力下，中国美妆小镇作为一个特色创新平台，着眼全球产业链，坚持生产、生态、生活"三生融合"，以及产业、文化、旅游、社区"四位一体"的发展理念，紧紧围绕"美妆产业集聚中心、美妆文化体验中心、美妆时尚博览中心、美妆人才技术中心"四大目标定位，打造以美妆为主导的全产业链，在一个贫困乡镇建起产业特色小镇。

因"美"而生，向"美"而动，以"美"为媒。这些年来，侯军呈出任总顾问的中国美妆小镇牢牢锁定"奋斗十年，打造千亿，致富万家"的宏伟目标，以"一家企业引领一个产业，一个产业带动一个小镇，一个小镇造福一方百姓"的发展路径，积极承载高质量发展和共同富裕两大使命，有力促进了地方经济社会发展，为我们写作本书提供了丰富的素材。

因为时间和空间的影响，我个人对侯军呈和中国美妆小镇的认识和了解并不全面。为了更好地介绍侯军呈和中国美妆小镇，用更加形象生动的语言来讲述侯军呈和中国美妆小镇的故事，我又邀请青年作家茅立帅和资深策划人郭志刚共同采写本书。茅立帅不但创作风格优美，而且出版过以侯军呈为原型，以中国美妆小镇为背景的长篇小说《逐梦时代》。郭志刚曾写作出版过《李国庆：世界为率真者让路》等知名企业家传记。他们的参与让本书显得更加精彩可读，让好样的侯军呈更加可敬可佩。

在这里，我们十分感谢中央统战部原副部长、全国工商联原党组书记胡德平和国务院参事、住建部原副部长仇保兴在百忙之中给我们写序鼓励；感谢中国美妆小镇管委会主任茅利荣和中华工商联合出版社的编辑仔细审读和认真修改书稿；感谢潘华、朱建忠、戚斌斌、凌飞等中国美妆小镇的建设者接受采访，提供宝贵的资料；感谢许多为本书写作出版提供大量帮助的同事朋友。没有您的支持帮助，就没有读者手中的这本书。

"在湖州，看见美丽中国。"这是浙江湖州的宣传标语。希望读者在这本书里，看见美丽事业，看见好样的侯军呈，看见共同富裕的美好未来。

2022 年 2 月

林宏伟写于北京